LIVRO DE ESTUDOS

REVELANDO

O APOCALIPSE

COMO OS PLANOS DE DEUS PARA O
FUTURO PODEM MUDAR SUA VIDA AGORA

AMIR TSARFATI
& DR. RICK YOHN

Ágape

São Paulo, 2022

Revelando o Apocalipse: como os planos de Deus para o futuro podem mudar sua vida agora – Livro de estudos
Revealing Revelation: How God's plans for the future can change your life now – Workbook

Copyright © 2022 by Amir Tsarfati
Copyright © 2022 by Editora Ágape Ltda.

Editor: Luiz Vasconcelos
Coordenação editorial: Stéfano Stella
Tradução: Edmilson Francisco Ribeiro
Preparação: Equipe Novo Século
Revisão: Marco Galhardi/Angélica Mendonça
Capa: Marcela Lois
Diagramação: Manoela Dourado

As citações bíblicas desta obra foram consultadas nas Bíblias Nova Almeida Atualizada e Almeida Revista e Atualizada

Texto de acordo com as normas do Novo Acordo Ortográfico da Língua Portuguesa (1990), em vigor desde 1º de janeiro de 2009.

Dados Internacionais de Catalogação na Publicação (CIP)
Angélica Ilacqua CRB-8/7057

Tsarfati, Amir
Revelando o Apocalipse: como os planos de Deus para o futuro podem mudar sua vida agora: livro de estudos/
Amir Tsarfati com Dr. Rick Yohn; tradução de Edmilson Francisco Ribeiro.
Barueri, SP: Editora Ágape, 2022.
208p.

Título original: Revealing Revelation: How God's plans for the future can change your life now: workbook

I. Bíblia. N.T. Apocalipse - Estudo e ensino I. Título II. Yohn, Rick III. Ribeiro, Edmilson Francisco

22-4962   CDD228

Índice para catálogo sistemático:
1. Bíblia. N.T. Apocalipse

EDITORA ÁGAPE LTDA.
Alameda Araguaia, 2190 – Bloco A – 11º andar – Conjunto 1112
CEP 06455-000 – Alphaville Industrial, Barueri – SP – Brasil
Tel.: (11) 3699-7107 | Fax: (11) 3699-7323
www.editoraagape.com.br | atendimento@agape.com.br

Sumário

INTRODUÇÃO 5

O JESUS EXALTADO
Apocalipse 1 7

CAPÍTULO BÔNUS
O elefante profético na sala 23

JESUS PREPARA SUA NOIVA PARA SEU RETORNO FUTURO
Apocalipse 2-3 29

UMA PORTA ABERTA NO CÉU
Apocalipse 4 37

O LEÃO E O CORDEIRO
Apocalipse 5 45

O CORDEIRO ABRE OS SELOS
Apocalipse 6 53

OS QUE PODEM SUBSISTIR (PRIMEIRO INTERLÚDIO)
Apocalipse 7 65

SOAM AS TROMBETAS
Apocalipse 8-9 73

UM LIVRINHO E DUAS TESTEMUNHAS (SEGUNDO INTERLÚDIO)
Apocalipse 10-11 81

UMA MULHER, UM DRAGÃO E UMA CRIANÇA (TERCEIRO INTERLÚDIO)
Apocalipse 12..95

O SURGIMENTO DO ANTICRISTO
Apocalipse 13..105

O CORDEIRO, OS EVANGELISTAS, ALGUNS ANJOS E UMA COLHEITA
Apocalipse 14..111

A CANÇÃO DE MOISÉS E DO CORDEIRO
Apocalipse 15..121

O DERRAMAMENTO DAS TAÇAS
Apocalipse 16..131

DEUS ERRADICA A RELIGIÃO
Apocalipse 17..141

A MORTE DA POLÍTICA E DA RIQUEZA
Apocalipse 18..151

O REI RETORNA PARA SEU TRONO
Apocalipse 19..159

O REI REINA DE JERUSALÉM
Apocalipse 20..171

NOVAS TODAS AS COISAS
Apocalipse 21.1-22.5..187

EIS QUE VENHO SEM DEMORA
Apocalipse 22.6-21...199

INTRODUÇÃO

O estudo bíblico que você tem em suas mãos tem um duplo propósito: (1) ajudá-lo a compreender o significado e a importância do livro do Apocalipse e (2) fornecer a você uma abordagem para o estudo pessoal da Bíblia.

Este livro é um estudo indutivo da Bíblia. Aprender com a Bíblia de forma indutiva significa olhar para os textos das Escrituras e, em seguida, tirar conclusões. É uma abordagem de "ligar os pontos" para aprender com a Palavra de Deus. Tal estudo constantemente se baseia em três aspectos: (1) observação, (2) interpretação e (3) aplicação. Muitas vezes, contudo, ele não inclui um quarto aspecto muito importante: correlação. Esta responde à pergunta: como essa passagem se relaciona com o restante das Escrituras? Quando não incluímos essa parte do estudo bíblico, não vemos a unidade da Bíblia, a forma como cada parte contribui para o todo.

A correlação será um elemento importante deste estudo, que irá ajudar você a entender que o livro do Apocalipse não é um livro isolado. Em vez disso, é o conjunto de palavras acumuladas de Deus ao longo de todo o Antigo e o Novo Testamento.

O nosso desejo é que você não só tenha uma compreensão consistente das últimas palavras de Deus para a humanidade, mas também uma abordagem funcional para o estudo das Escrituras que lhe permitirá compreender melhor todos os livros da Bíblia como todo o conselho de Deus.

Neste livro de estudos é nosso privilégio apresentar a você essa maravilhosa revelação proveniente do Senhor Jesus Cristo exaltado. Ela foi transmitida, por meio de um anjo, ao apóstolo João, às sete igrejas e depois a nós. Para você, o estudo será uma aventura: uma jornada através de uma linguagem desconhecida, repleta de narrativas e símbolos e, ocasionalmente, algumas coisas muito estranhas. Ao longo do caminho você descobrirá maravilhosos tesouros escondidos, conhecidos apenas por aqueles que estão dispostos a fazer essa jornada para o futuro.

Junte-se a nós que já não vemos mais Jesus como o profeta rejeitado da Galileia, mas agora como o Senhor exaltado que é o único digno de acabar com a mancha pecaminosa que corrompeu a perfeição da criação de Deus. Ele começa Sua revelação com uma mensagem para a igreja, transita para o julgamento vindouro sobre Satanás e a humanidade e, então, declara que irá recuperar o que é Seu por direito. Isso nos lançará em um novo céu e Terra. Agora, volte os seus olhos para o Jesus exaltado.

O JESUS EXALTADO

APOCALIPSE 1

Para muitas pessoas, o livro do Apocalipse é misterioso. Para outras, é assustador. No entanto, para aqueles que conhecem o Senhor Jesus Cristo como seu Salvador pessoal, Apocalipse é uma perspectiva cativante, sóbria e, sim, uma perspectiva mais completa do Messias. Você já não lê sobre um bebê deitado em uma manjedoura, ou sobre o homem da Galileia, ou mesmo sobre Jesus, o profeta. Ele não é mais o humilde servo que irá morrer pela humanidade. Em vez disso, uma perspectiva muito diferente Dele emerge das páginas do Apocalipse.

> Revelação de Jesus Cristo, que Deus Lhe deu para mostrar aos Seus servos as coisas que em breve devem acontecer e que Ele, enviando por intermédio do Seu anjo, notificou ao Seu servo João, o qual atestou a palavra de Deus e o testemunho de Jesus Cristo, quanto a tudo o que viu. Bem-aventurados aqueles que leem e aqueles que ouvem as palavras da profecia e guardam as coisas nela escritas, pois o tempo está próximo (Ap 1:1-3).

Alguns de vocês irão procurar a igreja nesse livro e se perguntar onde está ela quando a ira de Deus é derramada sobre a humanidade. Outros vão querer saber tudo sobre o Anticristo e podem até ser tentados a buscar descobrir do que se trata o número 666. Você pode passar muito tempo especulando ou pode aceitar o livro de Apocalipse pelo que ele apresenta, como uma mensagem não só para as pessoas do primeiro século, mas também para cada um de nós hoje. Nem tudo o que está escrito é sobre nós hoje, mas tudo o que está escrito é para nós hoje.

Neste livro de estudos queremos dar-lhe uma visão geral do Apocalipse que inclui tanto as ênfases quanto os detalhes. Nós projetamos este estudo para que você participe. Ele acompanha o livro de Amir *Revelando o Apocalipse*. Você terá a oportunidade de agir como os cristãos na cidade de Bereia nos dias do apóstolo Paulo, o qual nos diz que eles não eram meros ouvintes do que ele tinha a dizer, mas também tiveram tempo para se aprofundar. Como eles conseguiram isso? Paulo nos conta no livro de Atos:

> E logo, durante a noite, os irmãos enviaram Paulo e Silas para Bereia; ali chegados, dirigiram-se à sinagoga dos Judeus. Ora, estes de Bereia eram mais nobres que os de Tessalônica; pois receberam a palavra com toda a avidez, examinando as Escrituras todos os dias para ver se as coisas eram, de fato, assim (Atos 17.10-11)

Estamos encorajando você a fazer a mesma coisa. Talvez já tenha lido *Revelando o Apocalipse*, então agora é hora de avaliar por si mesmo se o conteúdo do livro se alinha com o que a Bíblia realmente ensina. Se está fazendo este estudo por conta própria, em um pequeno grupo, ou em uma grande classe na igreja, a investigação pessoal nas Escrituras é a melhor maneira de aprender o que ela ensina.

Enquanto estudamos o Apocalipse, vamos aprender a interpretá-lo adotando uma abordagem literal para entender as Escrituras, a menos que o texto especifique que algo seja simbólico por natureza. Ainda assim, vamos procurar o significado literal por trás dos símbolos. Felizmente, muitos deles são interpretados para nós.

Eu, Rick, havia acabado de obter o meu bacharelado em teologia no seminário. Havia estudado grego por dois anos e meio, Bíblia e teologia por quatro anos, bem como muitos outros cursos no seminário. Adorei esses quatro anos em que fiquei imerso na Palavra de Deus. Aprendi a ensinar as Escrituras, a pregar a partir da Palavra de Deus e como entender o que eu estava lendo.

Você deve imaginar que àquela altura eu já devia saber como estudar a Bíblia. Eu também pensava que sim, até que tive uma aula sobre métodos de estudo bíblico com o Professor Howard G. Hendricks no Seminário Teológico de Dallas. Durante o meu primeiro ano lá, descobri que há uma diferença entre saber *sobre* a Bíblia e saber como *adentrar a Bíblia por mim mesmo*. Hendricks nos ensinou a cavar mais fundo nas Escrituras por nós mesmos. Não só aprendemos o que deveríamos procurar quando abríssemos a Bíblia, mas também como extrair o significado da passagem específica. Então, o melhor de tudo, ele nos mostrou como aplicá-la em nossa vida pessoal no dia a dia.

Isto é o que queremos fornecer a você. O que você deve procurar quando abrir sua Bíblia? Como você extrai o significado do que está lendo? E como você faz isso funcionar em sua vida?

EXPLORE VOCÊ MESMO A BÍBLIA

1 CAPTURE A CENA (O que eu vejo?)

2 ANALISE A MENSAGEM (Qual é o significado dela?)

3 COMPARE ESSE CAPÍTULO COM O RESTANTE DAS ESCRITURAS (Ele é apoiado por outras passagens em Apocalipse, por outros livros de João, pelo Antigo/Novo Testamento?)

4 EXECUTE (E daí? Como isso afeta a minha vida?)

Dr. Rick Yohn

Ao longo dos anos ensinando outros a como estudar as Escrituras, refinamos o processo e vamos usar a seguinte abordagem quádrupla em Apocalipse, conforme escrito neste quadro. Vamos usar a primeira parte de Apocalipse 1 para demonstrar o que queremos dizer.

CAPTURE A CENA (O que eu vejo?)

Ao ler as Escrituras, você quer bombardear a passagem com uma série de perguntas, incluindo: "o que estou vendo? O que estou sentindo? Quem está falando? Quem são os personagens principais da passagem? O que ele está (ou eles estão) dizendo?

Quem?
O que?
Por que?
Onde
Quando?

Por que ele está dizendo o que está dizendo? Quando essa situação está acontecendo? Onde está ocorrendo?

Essa é a fase da **observação**. Você não está tentando interpretar a passagem. Você só quer saber o que está acontecendo diante de seus olhos.

A primeira coisa que notamos em Apocalipse 1 é que uma *progressão* de indivíduos está transmitindo uma mensagem.

Leia Apocalipse 1.1-3

Observe a progressão da comunicação uma vez que a mensagem começa com a Divindade: o Pai, o Filho e o Espírito Santo. A mensagem é então transmitida para um anjo, que a dá ao apóstolo João, que, como veremos em um momento, envia a carta para sete igrejas literais. A partir daí, a mensagem se espalha e é levada para o mundo inteiro.

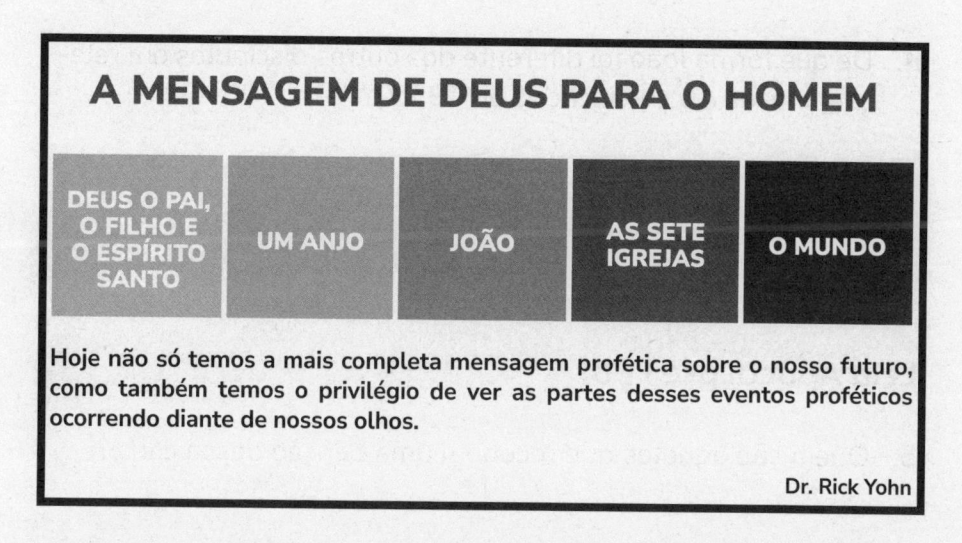

A MENSAGEM DE DEUS PARA O HOMEM

DEUS O PAI, O FILHO E O ESPÍRITO SANTO	UM ANJO	JOÃO	AS SETE IGREJAS	O MUNDO

Hoje não só temos a mais completa mensagem profética sobre o nosso futuro, como também temos o privilégio de ver as partes desses eventos proféticos ocorrendo diante de nossos olhos.

Dr. Rick Yohn

A melhor forma de começar a entender qualquer livro da Bíblia é descobrir algo sobre o autor do livro. Algumas dessas informações podem ser encontradas rastreando-se o nome do autor na Bíblia. Você pode encontrar informações sobre ele verificando alguns aplicativos ou sites da Bíblia on-line. Aqueles de que gostamos muito são: www.biblehub.com, www.blueletterbible.com, www.youversion.org, www.bible.org e www.biblegateway.org.

1. Quem é o apóstolo João?

2. Que outros livros João escreveu?

3. Como é descrito o relacionamento dele com Cristo nos Evangelhos (Jo 13.23; 20.2; 21.7, 20)?

4. De que forma João foi diferente dos outros discípulos em relação a Jesus e à crucificação (Jo 19.27)?

Agora vamos CAPTURAR o que lemos no próprio texto.

Leia Apocalipse 1.1-8

5. Quem são aqueles que recebem uma bênção dessa carta?

6. Que bênção tripla podemos receber de Jesus?

7. Verifique a relação entre o versículo 7 e as passagens seguintes. O que estas passagens adicionam a essa afirmação?

    a. Zacarias 12.10 –

b. Mateus 24.30-31 –

c. Atos 1.9-11 –

d. Apocalipse 19.11-16 –

8. Você acredita que Jesus voltará simbolicamente ou literalmente? Por que você diz isso?

9. Como a consciência de que Jesus vai voltar à Terra um dia deve afetar sua vida hoje?

Leia Apocalipse 1.9-11

10. Por que você acredita que o Senhor mencionou essas sete igrejas nessa ordem específica? (Se você está em um grupo de estudo bíblico ou na aula de escola dominical, cada pessoa na classe deve escolher uma das sete igrejas e, em seguida, pesquisar um pouco sobre ela. Após 10-15 minutos, compartilhe suas descobertas com o restante do grupo. Você pode usar os aplicativos de estudo para ajudar nesse projeto).

Leia Apocalipse 1.12-16

11. A quem Jesus é comparado e quem tem uma aparência semelhante à Dele (Dn 7.9-10)?

12. Em que outros contextos uma espada afiada de dois gumes é usada nas Escrituras?

    a. Apocalipse 19.15 –

    b. Hebreus 4.12 –

    c. Provérbios 5.3-4 –

    d. Apocalipse 2.12 –

Leia Apocalipse 1.17-20

13. O que mais você aprende sobre a Morte e o Inferno nas Escrituras?

    a. Apocalipse 6.8 –

b. Apocalipse 20.13 –

c. Apocalipse 20.14 –

ANALISE A MENSAGEM (Qual é o significado dela?)

14. Qual é o significado dos dois símbolos a seguir em Apocalipse 1.12-20?

   a. As sete estrelas –

   b. Os sete candeeiros de ouro –

15. O que mais o surpreendeu nesse capítulo?

16. Qual foi a sua maior descoberta nesse capítulo?

17. A nossa "bendita esperança" (Tt 2.13) não é a segunda vinda de Cristo, mas o arrebatamento da igreja. Estamos ansiosos por aquele dia maravilhoso, quando repentinamente subimos ao céu. Esse será um evento instantâneo que o mundo não verá. Em contraste, a segunda vinda será um processo, e todos os olhos verão o Senhor retornar à Terra. Nós, como a igreja, voltaremos à Terra com Ele. É assim que você entendeu esses dois eventos? Se não, que compreensão teve?

COMPARE ESSA PASSAGEM COM O RESTANTE DAS ESCRITURAS
(Ela é apoiada por outras passagens em Apocalipse, nos outros livros de João, no Antigo/Novo Testamento?)

Lembre-se: mesmo com a grande diversidade da Bíblia, há unidade ao longo das Escrituras. Portanto, o que você lê em um livro pode ser encontrado novamente em outro. E uma passagem compreendida de forma adequada nunca irá contradizer outra. Embora os vários livros da Bíblia tenham sido escritos ao longo de um período de 1.500 anos, em três continentes e em três línguas (hebraico, aramaico e grego), eles se concentram em uma nação (Israel), uma pessoa (o Senhor Jesus Cristo) e oferecem a salvação por um meio (o sangue de um Salvador amoroso).

Escreva a frase que é semelhante àquela do livro de Apocalipse:

18. "Revelação de Jesus Cristo" (Ap 1.1)

   a. 1 Pedro 1.7 –

b. 1 Pedro 1.13 –

c. Gálatas 1.12 –

19. "... o qual atestou a palavra de Deus e o testemunho de Jesus Cristo" (Ap 1.2)

   a. João 8.13-14 –

   b. Apocalipse 1.9 –

   c. Apocalipse 12.17 –

   d. Apocalipse 19.10 –

   e. Apocalipse 20.4 –

20. "Àquele que nos ama, e, pelo Seu sangue, nos libertou dos nossos pecados" (Ap 1.5)

a. 1 Coríntios 6.11 –

b. Efésias 5.26 –

21. "Eis que Ele vem com as nuvens, e todo olho O verá, até quantos O traspassaram. E todas as tribos da Terra se lamentarão sobre Ele" (Ap 1.7)

a. Mateus 24.29-31 –

b. Zacarias 12.10-14 –

c. Daniel 7.9-14 –

EXECUTE (E daí? Como isso afeta minha vida?)

Nesta parte do nosso estudo, o objetivo é extrair um princípio da passagem e determinar como ele afetará nossas vidas.

Por si só, informações sobre o livro do Apocalipse são úteis, mas não são transformadoras. Só quando você encontra alguns princípios eternos para guiar a sua vida é que as Escrituras terão um impacto transformador em você. Então vamos ver quais deles podemos extrair desse capítulo.

Muitas vezes, fazemos uma leitura rápida de uma passagem em busca de algo que nos salte aos olhos e nos dê conforto, encorajamento ou alguma nova compreensão. De vez em quando isso funciona, mas na maioria das vezes não. Quando se trata de aplicar a verdade de Deus para a vida, precisamos fazer os tipos certos de perguntas.

Princípio da Aplicação: Jesus é um Deus eterno sem começo nem fim. No passado da eternidade, Ele desenvolveu um plano para sua vida e equipou você para cumprir esse plano.

Jesus disse: "Eu sou o Alfa e Ômega... Aquele que É, que Era e que há de vir, o Todo-Poderoso" (Ap 1.8).

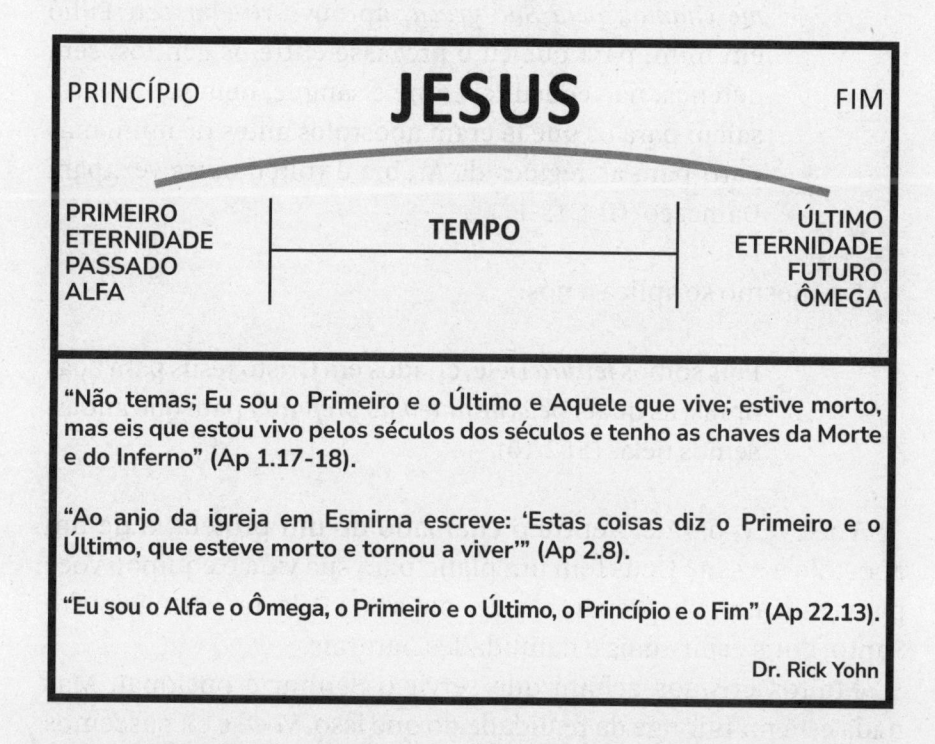

PRINCÍPIO	**JESUS**	FIM
PRIMEIRO ETERNIDADE PASSADO ALFA	TEMPO	ÚLTIMO ETERNIDADE FUTURO ÔMEGA

"Não temas; Eu sou o Primeiro e o Último e Aquele que vive; estive morto, mas eis que estou vivo pelos séculos dos séculos e tenho as chaves da Morte e do Inferno" (Ap 1.17-18).

"Ao anjo da igreja em Esmirna escreve: 'Estas coisas diz o Primeiro e o Último, que esteve morto e tornou a viver'" (Ap 2.8).

"Eu sou o Alfa e o Ômega, o Primeiro e o Último, o Princípio e o Fim" (Ap 22.13).

Dr. Rick Yohn

Essa descrição confirma a natureza eterna de Deus. Ele nunca teve um começo, nem jamais terá um fim. Deus, o Pai sempre existiu, junto com o Filho e o Espírito Santo. Esse conceito é quase impossível de entender, porque tudo o que conhecemos na vida tem um começo e um fim. Isso significa que antes de ter sido trazido a este mundo, Deus conhecia você e planejou que você estaria aqui. Os seus pais podem ter ficado surpresos, mas não Deus.

Deus disse ao profeta Jeremias e ao apóstolo Paulo que Ele havia planejado que eles seriam o que se tornaram mesmo antes de eles nascerem.

> *Antes que eu te formasse no ventre materno*, eu te conheci, e, *antes que saísses da madre*, te consagrei, e te constituí profeta às nações (Jr 1.5).

> Quando, porém, *ao que me separou antes de eu nascer e me chamou pela Sua graça*, aprouve revelar seu Filho em mim, para que eu o pregasse entre os gentios, sem detença, não consultei carne e sangue, nem subi a Jerusalém para os que já eram apóstolos antes de mim, mas parti para as regiões da Arábia e voltei, outra vez, para Damasco (Gl 1.15-17).

E o mesmo se aplica a nós:

> Pois somos *feitura* Dele, criados em Cristo Jesus para boas obras, as quais *Deus de antemão preparou* para que andássemos nelas (Ef 2.10).

Você vê o paralelo entre o chamado de um profeta, o de um apóstolo e o seu? Deus tem um plano para sua vida e equipou você para realizá-lo. Ele preparou você com a Sua Palavra, o Seu Espírito Santo, dons espirituais e habilidades naturais.

Muitos cristãos acham que servir o Senhor é opcional. Mas nada está mais longe da realidade do que isso. Você e eu nascemos para servir, não para sermos servidos. Nascemos para glorificar o Senhor, atendendo às necessidades dos outros. E um dia estaremos de pé diante do trono de julgamento de Cristo para prestar contas sobre o quão fiel fomos com o que Deus confiou a nós.

1. Como Deus equipou você? Você pode descobrir a resposta para isso fazendo a si mesmo as seguintes perguntas:

a. Em que eu sou naturalmente bom?

b. O que eu mais gosto de fazer?

c. Circule quais das seguintes declarações melhor descrevem você:

    Eu adoro ajudar os outros.
    Eu adoro cantar e tocar instrumentos musicais.
    Eu adoro consertar coisas que estão quebradas.
    Eu adoro conduzir as pessoas a uma direção proveitosa.
    Eu adoro ensinar aos outros a Palavra de Deus.
    Eu amo criar (escrever, pintar, desenhar, cantar ou tocar música etc.).
    Eu adoro programar computadores.
    Eu vejo as necessidades das pessoas que os outros não veem.
    Eu sou uma pessoa muito organizada e gosto de ajudar equipes ou grupos a se organizarem de forma eficiente.
    Eu amo doar aos outros, embora nem sempre tenha muito para dar.
    Eu adoro orar por quem precisa.
    Eu amo _____

d. Olhe para cada uma das declarações que você circulou, e para cada uma escreva uma ou duas frases que descrevem como isso se manifesta em sua vida.

e. Como você está usando seus dons, seus talentos, a sua experiência e a sua educação para o Senhor hoje?

f. Como você gostaria de usar o que Deus lhe deu para servi-Lo no futuro?

Deus é Aquele que nos deu os dons espirituais e talentos para termos sucesso na vida. Ele é o único que abre portas de oportunidade para nós entrarmos e fecha outras para nos proteger de ir à direção errada. Quando olhamos para trás em nossas vidas, provavelmente podemos lembrar das vezes em que queríamos fazer algo, mas Deus disse "Não!". Então houve outros incidentes que nunca estiveram em nosso radar e que somente Deus possibilitou. Nós só tivemos que andar por aquelas portas de oportunidade.

Enquanto deixamos o primeiro capítulo da última epístola de João, reflita sobre o fato de que Jesus está andando entre as igrejas e que Ele observa os líderes e os membros das igrejas. Ele conhece aqueles que O amam e O servem. Ele está ciente daqueles que estão meramente "brincando de igreja". Ele tem ciência de quem são os influenciadores e os manipuladores na congregação. E Ele conhece os líderes que O servem bem.

Agora é hora de nos mudarmos para a seção do Apocalipse na qual o Senhor trata diretamente de cada igreja. Lembre-se: Jesus não vê a igreja como um edifício na esquina. Ele também não pensa em igrejas em termos de denominações. E Ele não está preocupado com que versão da Bíblia você está usando. O que Lhe interessa é a noiva Dele. Um dia Ele a apresentará ao seu Pai. Os próximos dois capítulos se concentram em prepará-la para aquela ocasião gloriosa.

CAPÍTULO BÔNUS
O ELEFANTE PROFÉTICO NA SALA

Você provavelmente já ouviu o seguinte comentário em um momento ou outro ao lidar com uma situação difícil: "Há um elefante na sala sobre o qual ninguém quer falar. Até lidarmos com esse elefante, não adianta seguir em frente". Bem, antes de avançarmos neste estudo, precisamos abordar o que chamamos de "o elefante profético na sala". A maioria dos livros ou estudos bíblicos lhe dirá o que o autor acredita, e espera-se que você concorde com isso. Não me leve a mal. Nós também tomamos algumas posições dogmáticas quando se trata de profecia, mas não queremos insultar sua inteligência. Queremos dar a você a oportunidade de investigar várias passagens das Escrituras e então chegar à sua própria conclusão. Dessa forma, você será capaz de saber por que acredita no que acredita, além de ser capaz de defender sua posição.

Um Evento ou Dois?

Jesus prometeu aos Seus discípulos que quando Ele fosse embora, iria preparar um lugar na casa de Seu Pai para eles. Então Ele voltaria para levá-los para lá (Jo 14.1-3). Esse retorno referia-se à Sua segunda vinda à Terra ou a outra coisa? Essa é uma pergunta extremamente importante, e muitos cristãos não sabem como respondê-la.

Há duas outras perguntas que eu, Amir, ouço frequentemente daqueles que vão às minhas excursões: "Onde está a igreja no Livro do Apocalipse?" e "Onde está a igreja durante a tribulação?". As respostas para ambas as perguntas dependem se você acredita que o retorno de Cristo ocorrerá em duas partes: o arrebatamento e a segunda vinda. Se você não aceita a doutrina do arrebatamento pré-tribulacional, então a igreja passará pela tribulação. Se você aceita o ensino do arrebatamento pré-tribulacional, então a igreja será removida antes dela e estará no céu quando a ira de Deus for derramada sobre a Terra. Então, após a tribulação, a igreja voltará com o Senhor na segunda vinda.

Selecionamos quatro passagens das Escrituras que falam sobre o retorno do Senhor. A sua missão, se você optar por aceitá-la, é estudar cuidadosamente cada passagem e, em seguida, determinar o seguinte: todas as quatro passagens falam sobre a segunda vinda de Cristo para a Terra? Ou algumas se referem ao arrebatamento da igreja como um evento separado?

Evento #1

Leia Zacarias 14.1-5

Leia Mateus 24.27-31

Essas duas passagens das Escrituras falam claramente do retorno de Jesus à Terra. Leia ambas com cuidado e responda às seguintes perguntas:

1. Quando será esse grande evento?

2. Onde esse evento ocorrerá?

3. Qual será a primeira prioridade do Senhor quando Ele voltar?

4. Que evento topográfico ocorrerá quando o Senhor retornar?

5. Que eventos cosmológicos ocorrerão?

6. Como as pessoas reagirão?

7. Esse evento soa como uma "bendita esperança" (Tt 2.12-14)? Explique.

8. Esse é um tipo de evento que vai incentivar a outros? Explique.

9. Você vê alguma evidência da igreja nessas duas passagens?

10. Os "santos" em Zacarias 14.5 irão encontrar Jesus ou estarão retornando com Ele?

11. Esse evento se parece com algo para o qual todos nós devemos estar entusiasmados e pelo qual devemos estar ansiosos? Explique sua resposta.

12. Você acha que o fato de haver uma grande falha geológica que passa pelo Monte do Templo é apenas uma coincidência? Explique.

13. Por que você acha que todas as tribos da Terra lamentarão quando Jesus voltar para a Terra?

Acima estão duas passagens que falam claramente da segunda vinda de Jesus. Há muitas mais no Antigo e no Novo Testamento. Vamos agora olhar para duas outras passagens e decidir se elas estão ou não se referindo ao mesmo evento.

Evento #2

Leia 1 Coríntios 15.50-58

Leia 1 Tessalonicenses 4.14-18

14. Esse segundo evento é chamado de "mistério". Aprendemos no livro *Revelando o Apocalipse* que um mistério é uma verdade que ainda não foi revelada. Contudo, há muitas passagens no Antigo Testamento sobre a segunda vinda de Cristo. Então, se a segunda vinda não é um mistério, mas esse evento é; seriam eles o mesmo acontecimento? Se não, o que pode ser esse segundo evento? Explique.

15. No primeiro evento, todos os olhos verão o Senhor retornar à Terra. Portanto, a segunda vinda parece ser uma descida gradual do céu para a Terra. Como o segundo evento é descrito de uma perspectiva temporal?

16. No primeiro evento, ocorrerão grandes alterações topográficas e cosmológicas. Quais mudanças são mencionadas no segundo evento?

17. No primeiro evento, os cristãos retornam com o Senhor à Terra. O que acontece com os cristãos (a igreja) no segundo evento?

18. Em relação ao segundo evento, o apóstolo Paulo faz duas exortações à igreja. Escreva as duas exortações.

- a.

- b.

19. Você encontra alguma exortação relacionada ao primeiro evento? Por que ou por que não?

Qual é a sua conclusão? Será que a Bíblia ensina que o retorno de Jesus será um evento único (apenas a segunda vinda) ou dois eventos (o arrebatamento e a segunda vinda)? Escreva suas respostas e forneça pelo menos cinco evidências para essa conclusão.

- Evidência #1 –

- Evidência #2 –

- Evidência #3 –

- Evidência #4 –

- Evidência #5 –

JESUS PREPARA SUA NOIVA PARA SEU RETORNO FUTURO

APOCALIPSE 2-3

Casamentos podem ser eventos maravilhosos. Família e amigos se reúnem para celebrar a união de um homem e de uma mulher. Embora ambos os nomes estejam nos convites e nos programas, nós precisamos aceitar um fato: o casamento é sobre a noiva. É claro que estamos lá vestidos com nossas roupas elegantes, mas todos os olhos estão postos na mulher com quem estamos nos casando, enquanto ela caminha pelo corredor linda como você jamais a viu.

No casamento da igreja e do Senhor, no entanto, o personagem principal é o Noivo. Mas não devemos nos sentir tão mal por sermos ofuscado por Ele. Afinal, Ele é Deus. Enquanto esperamos pelo dia do nosso casamento, devemos usar o tempo para nos familiarizarmos com nosso noivado. Durante um noivado, fazemos tudo o que podemos para passar tempo com nosso futuro cônjuge, enquanto nos esforçamos para aprender tudo o que pudermos sobre ele. No noivado entre Cristo e a igreja, Ele já nos conhece de forma completa. Infelizmente, muitos cristãos sabem pouco sobre seu Noivo. Precisamos fazer tudo o que pudermos para conhecer nosso Amado, reconhecendo que não vai demorar muito até que Ele volte nos ares para nos levar à casa de Seu Pai como prometido.

> Não se turbe o vosso coração; credes em Deus, crede também em Mim. Na casa de Meu Pai há muitas moradas. Se assim não fora, Eu vo-lo teria dito. Pois vou preparar-vos lugar. E, quando Eu for e vos preparar lugar, voltarei e vos receberei para Mim mesmo, para que, onde Eu estou, estejais vós também. E vós sabeis o caminho para onde Eu vou (Jo 14.1-4).

Quando o Senhor falou essas palavras para Seus discípulos, eles não tinham mansões em mente, como algumas pessoas pensam. As casas do primeiro século eram construídas em torno de um "projeto insular". Eram aglomerados de edifícios que podiam abrigar muitos membros diferentes de uma família, incluindo pais e seus filhos, juntamente com avós, tias e tios. Quando um filho se preparava para se casar, ele frequentemente adicionava um quarto ao complexo familiar para sua noiva e para si mesmo. Então, no momento apropriado, ele ia para a casa da noiva e a levava para a casa de seu pai.

Quando eu, Amir, faço excursões em Israel, sempre levo meus grupos para Cafarnaum. Nós visitamos a área, assegurando-nos de entrarmos na sinagoga, que tem uma visão clara da casa de Pedro. Lá, você verá as bases de uma insula. Você pode estar pensando: *Jesus realmente quis dizer "Na casa do Meu Pai há muitas insulas"? Se assim for, isso não soa tão excitante.* Nós entendemos, mas antes que você fique muito preocupado, sempre pode dar uma olhada rápida em Apocalipse 21 para ver o esplendor do nosso lugar eterno. Achamos que você não ficará desapontado.

Está chegando o dia em que Jesus nos levará para ficar com Ele. Mas até que esse maravilhoso evento ocorra, Jesus tem mensagens para as sete igrejas na Ásia – mensagens que também se aplicam a cada um de nós. Lembre-se: o propósito da maioria das mensagens proféticas não é informação, mas sim, transformação. É por isso que algum tipo de desafio de mudança de vida muitas vezes vem após uma mensagem profética. Isso é o que muitas pessoas deixam escapar em Apocalipse – ele é cheio de desafios de mudança de vida.

Em Apocalipse 1, Jesus nos apresenta as sete igrejas para as quais Ele está escrevendo: Éfeso, Esmirna, Pérgamo, Tiatira, Sardis, Filadélfia e Laodiceia. Todas estavam localizadas no que é hoje a Turquia. À medida que Jesus dita Suas cartas, Ele se dirige às igrejas em ordem geográfica, começando a partir do sudoeste e procedendo no sentido horário.

O Padrão

Há um padrão naquilo que o Senhor tem a dizer às Suas igrejas. A utilização desse esquema pode nos ajudar a entender a mensagem que Ele está comunicando a elas e a nós. Vamos listar o esquema, depois aplicá-lo à igreja em Éfeso como um exemplo que você pode usar para as outras igrejas.
1. Quem Jesus é
2. O que Jesus sabe
3. Advertência de Jesus
4. Promessa de Jesus

Éfeso

1. Quem Jesus é

> Estas coisas diz Aquele que conserva na mão direita as sete estrelas e que anda no meio dos sete candeeiros de ouro (Ap 2.1).

Nenhuma igreja está sozinha. O Senhor caminha entre vocês. Ele está lá não só para observar o que cada pessoa está fazendo, mas também para encorajar, repreender, transformar e nos iluminar com Sua verdade. A palavra traduzida como "conserva" é *krateo*, palavra grega que significa "segurar com firmeza". Ela está no tempo presente, o que nos diz que Jesus continua a pegar e segurar firmemente a igreja.

2. O que Jesus sabe

> Conheço as tuas obras, tanto o teu labor como a tua perseverança, e que não podes suportar homens maus, e que puseste à prova os que a si mesmos se declaram apóstolos e não são, e os achaste mentirosos; e tens perseverança, e suportaste provas por causa do Meu nome, e não te deixaste esmorecer (Ap 2.2-3).

Os cristãos de Éfeso serviam. Se você é um daqueles servos fiéis que trabalha para o Senhor há anos, mas nunca recebeu qualquer reconhecimento pelo seu sacrifício, saiba que Jesus vê. Como pastor há quatro décadas, eu, Rick, sei que há aqueles que acordam cedo ou que ficam até tarde, que trabalham nos bastidores, que fazem o trabalho que ninguém mais quer fazer. Apenas um punhado de pessoas, incluindo eu, sabiam o que estava acontecendo semana após semana. Mas Jesus sabia. Nenhum de seus sacrifícios deixa de ser percebido por Ele. E de acordo com as Escrituras, você será reconhecido por Ele no tribunal de Cristo (2Co 5.9-10).

Os Efésios também conheciam a teologia deles. Se você gostasse de ensino bíblico, iria querer frequentar a igreja em Éfeso. Afinal, durante anos, o próprio apóstolo João ensinou aquela congregação. Eles eram doutrinariamente precisos e tinham o cuidado de não deixar ninguém ensinar nada contrário à verdade.

A essa hora, os ouvintes da igreja em Éfeso deveriam estar sorrindo. A avaliação deles estava quase sendo perfeita. E ela seria perfeita, se Jesus tivesse parado por ali. Todavia, Ele disse uma palavra que mudou tudo: "Porém".

Essa é uma palavra que você não quer ouvir do Senhor depois de Ele lhe ter feito elogios. Tanta coisa parecia tão boa. No entanto, da mesma forma que assar um bolo e ter esquecido o açúcar, eles estavam perdendo um ingrediente essencial. Jesus lhes disse: "Tenho, porém, contra ti que abandonaste o teu primeiro amor" (Ap 2.4). Aquele ingrediente que faltava na igreja era amor. Podemos fazer todas as coisas certas e ainda assim ter as motivações erradas. O apóstolo Paulo colocou desta forma:

> Ainda que eu fale as línguas dos homens e dos anjos, se não tiver amor, serei como o bronze que soa ou como o címbalo que retine. Ainda que eu tenha o dom de profetizar e conheça todos os mistérios e toda a ciência; ainda que eu tenha tamanha fé, a ponto de transportar montes, se não tiver amor, nada serei. E ainda que eu distribua todos os meus bens entre os pobres e ainda que entregue o meu próprio corpo para ser queimado, se não tiver amor, nada disso me aproveitará (1Co 13.1-3).

O amor pelo Senhor e por Seu povo deve ser a prioridade principal em tudo o que fazemos, especialmente quando se trata de servir a igreja. Quando perdermos nosso amor, não vai demorar muito até que ele seja substituído por egoísmo, raiva, amargura e divisão.

3. Advertência de Jesus

> Lembra-te, pois, de onde caíste, arrepende-te e volta à prática das primeiras obras; e, se não, venho a ti e moverei do seu lugar o teu candeeiro, caso não te arrependas. Tens, contudo, a teu favor que odeias as obras dos nicolaítas, as quais eu também odeio (Ap 2.5-6).

A boa notícia é que a igreja de Éfeso conseguiu se recompor por um tempo. No entanto, por fim, o seu candeeiro foi removido de seu lugar, e a Turquia tem sido um país muçulmano há muito tempo.

4. Promessa de Jesus

> Quem tem ouvidos, ouça o que o Espírito diz às igrejas: Ao vencedor, dar-lhe-ei que se alimente da árvore da vida que se encontra no Paraíso de Deus (Ap 2.7).

Jesus promete uma árvore da vida e um paraíso dado por Deus. Esse é o mesmo paraíso que Jesus prometeu ao ladrão na cruz quando disse: "Em verdade te digo que hoje estarás Comigo no paraíso" (Lc 23.43). Paulo, também, experimentou o Paraíso. Ele escreveu:

> Conheço um homem em Cristo que, há catorze anos, foi arrebatado até ao terceiro céu (se no corpo ou fora do corpo, não sei, Deus o sabe) e sei que o tal homem (se no corpo ou fora do corpo, não sei, Deus o sabe) foi arrebatado ao Paraíso e ouviu palavras inefáveis, as quais não é lícito ao homem referir (2Co 12.2-4).

É difícil imaginar o que Paulo deve ter ouvido, mas não há dúvida de que foi bom. A inclinação natural dele era compartilhar isso com o mundo, mas evidentemente havia algumas coisas que não seriam compreendidas.

Usando o Padrão

Agora é sua vez. Escolha três das próximas seis igrejas e aplique a elas o esquema quádruplo. Enquanto o faz, lembre-se de empregar os quatro aspectos da interpretação: Capturar, Analisar, Comparar e Executar. Para ajudá-lo, incluímos seis perguntas.

Se você está em um grupo de estudo, encoraje cada pessoa a escolher uma das igrejas, responda às seis perguntas e adicione qualquer outra coisa que o Espírito Santo possa levá-los a descobrir. Se o grupo for grande, duas ou três pessoas podem trabalhar juntas em uma igreja.

1. Como Jesus se apresentou a essa igreja e qual é o significado do título Dele?
2. O que Jesus sabe sobre essa igreja de bom ou de ruim?
3. Como Ele encorajou, repreendeu ou desafiou essa igreja?
4. Que promessa Ele faz a essa igreja?
5. O que você acha que Jesus diria sobre sua igreja?
6. O que você acha que Jesus diria sobre você?

Recursos: Fique à vontade para usar o livro *Revelando o Apocalipse* para obter mais informações sobre cada igreja ou envolver seu grupo na seguinte atividade:

1. Faça uma pesquisa on-line sobre a cidade e obtenha mais informações.
2. Use um dos aplicativos bíblicos que mencionamos anteriormente para descobrir informações contextuais.
3. Baixe o Google Earth e digite os nomes dessas igrejas e veja o que você aprende.
4. Aproveite o tempo para escrever o que aprendeu, para poder compartilhar isso com os outros.

Esmirna

Tiatira

Pérgamo

Sardis

Filadélfia

Laodiceia

JESUS E A SUA IGREJA
O QUE ELE DIRIA SOBRE A SUA IGREJA?

INTRODUÇÃO "EU SOU"	"CONHEÇO"	"PORÉM"	"POR ISSO"	"E IREI"

JESUS E VOCÊ
O QUE ELE DIRIA SOBRE VOCÊ

INTRODUÇÃO "EU SOU"	"CONHEÇO"	"PORÉM"	"POR ISSO"	"E IREI"

UMA PORTA ABERTA NO CÉU

APOCALIPSE 4

Nós agora iremos tratar de dois dos capítulos mais maravilhosos e pitorescos em toda a Bíblia. João é levado para o céu, e as cenas que se desenrolam diante dos olhos dele são arrebatadoras. Começamos pela observação de um maravilhoso culto de adoração. Aproveite enquanto pode, porque quando chegarmos ao capítulo 6, tudo na Terra vai ficar um pouco escuro.

> Depois destas coisas, olhei, e eis não somente uma porta aberta no céu, como também a primeira voz que ouvi, como de trombeta ao falar comigo, dizendo: "Sobe para aqui, e te mostrarei o que deve acontecer depois destas coisas" (Ap 4.1).

João olhou para cima e, em vez de ver um céu sem nuvens sobre o Mediterrâneo, viu o céu onde Deus habita. Um dia desses, você e eu também veremos uma porta aberta para nos receber no céu. Diferente de João, não estaremos no chão. Estaremos com nosso Salvador nas nuvens. Que dia maravilhoso esse dia será! Todos os problemas da vida desaparecerão instantaneamente. Nenhuma preocupação com pagamentos de financiamentos, perda de emprego, adoecimento, pessoas que não gostam de nós, envelhecimento, relacionamentos destruídos, ansiedade sobre o que o chefe irá dizer etc. A experiência será tão nova, tão diferente de qualquer outra coisa de nosso passado, que seremos como uma criança saindo do útero. Durante nove meses, um bebê flutua dentro de sua mãe e de repente ele sente o ar, ouve vozes, sente um tapa e solta um grito. A diferença é que quando emergirmos no que será totalmente novo e diferente, os nossos gritos serão de alegria, espanto, admiração e emoção.

Leia Apocalipse 4

CAPTURE A CENA (O que eu vejo?)

As Visões e os Sons do Céu

É provável que os olhos envelhecidos de João precisassem de tempo para se adaptar ao que ele viu. A cor maçante e acastanhada de areia e rocha, na ilha estéril de Patmos, havia sido substituída por um ambiente bonito e multicolorido. A primeira visão que cativou a atenção de João foi um trono, com alguém sentado nele. Ao redor dele estavam azuis, vermelhos, verdes, brancos e dourados. Lâmpadas estavam queimando enquanto raios emitiam clarões e ecoavam trovões.

1. O que João viu primeiro?

2. O que João ouviu primeiro?

3. O que mais João viu além de um trono?

4. Que dois grupos cercavam o trono?

5. Qual dos dois grupos usava coroas de ouro na cabeça?

6. O que fez com que os vinte e quatro anciãos se prostrassem e adorassem o que estava no trono?

7. Qual é a principal razão pela qual os vinte e quatro anciãos adoram Aquele que está no trono?

ANALISE A MENSAGEM (Qual é o significado dela?)

1. Apocalipse 4 está falando sobre o passado, o presente ou o futuro? Explique.

2. O que são os sete espíritos de Deus, de acordo com Isaías 11.1-3?

3. Esses sete espíritos, provavelmente, então, seriam uma referência a quem?

4. O que João quer dizer quando diz que estava "em Espírito" em Apocalipse 4.2?

5. Quem você acredita que estava sentado no trono?

6. Por que você diz isso?

COMPARE ESSE CAPÍTULO COM O RESTANTE DAS ESCRITURAS
(Ela é apoiada por outras passagens em Apocalipse, nos outros livros de João, no Antigo/Novo Testamento?)

Enquanto João continuava a olhar ao redor, algumas outras visões chamaram a atenção dele. Havia um mar a sua frente, mas não de água. Era um mar de vidro, como cristal. Então algo se moveu, e ele viu alguns seres estranhos ao redor do trono. É provável que a mente desse pastor de longa data tenha se voltado para o livro de Ezequiel, que ele devia conhecer muito bem. Esse profeta descreveu seres muito semelhantes aos que estavam pairando na frente de João. Que paralelos você vê entre as duas visões?

Leia Ezequiel 1.4-12

Leia Apocalipse 4.6-8

Mas as visões e os sons não pararam por aí. De repente, esses quatro seres começaram a cantar para o que estava no trono. A canção deles soava muito parecida com o que o profeta Isaías tinha ouvido quando teve sua experiência na sala do trono muitos anos antes. Que semelhanças existem entre as duas músicas?

Leia Isaías 6.2-3

Leia Apocalipse 4.8

Mas as palavras de louvor não terminam aí. E a música é agradável aos ouvidos do idoso apóstolo. O que mais lhe salta aos olhos nessas canções de louvor ao Senhor?

Leia Apocalipse 4.9-11

A pessoa-chave nesse capítulo é Aquele que está assentado no trono. Deus estava sendo louvado porque Ele é santo e Ele é o único que criou todas as coisas, incluindo aqueles que O louvam. A palavra-chave nesse capítulo e no próximo é *digno*! Aquele que está no trono é o Criador digno.

1. Tanto os serafins quanto os quatro seres viventes louvaram ao Senhor. Qual foi o motivo de louvor específico de cada grupo?

    a. Os serafins (Is 6)?

    b. Os quatro seres viventes (Ap 4)?

2. Que frase se repete ao longo do Apocalipse?

   • Apocalipse 8.5 –

   • Apocalipse 11.19 –

   • Apocalipse 16.18 –

3. Como o profeta Ezequiel descreve os quatro seres viventes que ele viu (Ez 10.14, 20-22)?

4. João viu um mar de vidro diante dele no céu. Descreva o que os seguintes indivíduos viram quando capturaram um vislumbre do céu.

   • Moisés em Êxodo 24.9-11 –

   • Isaías em Isaías 6 –

   • Ezequiel em Ezequiel 1.22-28 –

- Daniel em Daniel 7.9-10, 13-14 –

- Estêvão em Atos 7.54-56 –

EXECUTE (E daí? Como isso afeta minha vida?)

Princípio: O nosso Deus reina e deseja reinar em nossas vidas.

Duas palavras que são proeminentes nesse capítulo são *santo* e *digno*. Deus está separado de tudo o que é profano e contaminado. Ele também é digno de nossa adoração e de todos os sacrifícios que fazemos por Ele.

É da natureza humana desejar estar no controle. Nós nos convencemos de que sabemos o que é melhor. Podemos ver isso na política, no local de trabalho e até na igreja. No livro de Números, essa atitude é demonstrada várias vezes.

Moisés enviou um grupo de homens para espiar a Terra Prometida. Quando voltaram, houve um relatório da maioria e um da minoria. A maioria se concentrou nas dificuldades de entrar na Terra, enquanto a minoria (Josué e Calebe) se concentrou na promessa feita por Deus de dar aos israelitas a Terra. Infelizmente, prevaleceu a maioria. Convencidos de que sabiam mais do que Deus, o povo se recusou a confiar na promessa Dele. Essa decisão resultou em uma jornada de quarenta anos no deserto até que toda a geração que se rebelou morreu no deserto, exceto pelos fiéis Josué e Calebe.

Essa mesma atitude é muitas vezes levada para um casamento. Quando dois jovens que se amam se encontram no altar, dizem que vão aceitar um ao outro na alegria e na tristeza. No entanto, muitos entram nesse pacto com a atitude de que, uma vez casados, mudarão seu cônjuge para que ele se adeque aos planos e ao modo de vida do outro. O resultado pode ser uma família cheia de manipulação para fazer com que a outra pessoa faça o que queremos ou discussões contínuas cheias de acusações ou ameaças.

Uma vez convencidos de que somente Deus está no controle da vida e que Ele projetou cada um de nós de acordo com a vontade Dele, podemos começar a discernir como Ele equipou a nós e a nosso cônjuge, ou a nossos amigos, e celebrar a singularidade de cada indivíduo.

1. Como esse princípio (Deus está no controle) deve afetar a maneira como você trata os outros?

2. Liste pelo menos três vezes em sua vida em que viu Deus assumir o comando sobre uma circunstância que parecia incerta ou difícil.

3. Deus já fechou a porta de algo que você realmente queria e não conseguiu? Se sim, como você reagiu?

4. Deus já abriu uma porta de oportunidade pela qual você não havia procurado nem esperava e, ainda assim, trouxe algumas mudanças significativas em sua vida para melhor?

5. O fato de Deus estar no comando deve ser um encorajamento e uma grande bênção para você. O que acha desse princípio agora?

O LEÃO E O CORDEIRO

APOCALIPSE 5

As visões e os sons continuam quando passamos do capítulo 4 para o capítulo 5, que começa com "Vi" (v. 1), "Vi, também" (v. 2), "Então, vi" (v. 6) e "Vi e ouvi uma voz" (v. 11). Lembre-se de que Jesus disse a João para escrever o que viu (1.11).

O que João experimentou no capítulo anterior lhe causou grande alegria. Nesse quinto capítulo, no entanto, a euforia dele se transforma em choro. O que está no trono tem um pergaminho selado com sete selos, mas não há ninguém presente que possa abri-lo. O problema não é a falta de força, mas de dignidade. Quem tem o direito de abrir os selos? A base do "valor" era um sacrifício sem pecado para pagar o preço dos pecados do mundo. E quando parecia que tudo poderia estar perdido, o Leão da tribo de Judá dá um passo à frente para romper os selos do pergaminho e abri-lo. Quando João virou-se para olhar, não foi o Leão que viu, mas o Cordeiro morto. Este pegou o pergaminho da mão direita Daquele que está assentado no trono. A vontade do Cordeiro de se entregar como sacrifício pelo pecado dos homens O tornou digno de abrir os selos.

CAPTURE A CENA (O que eu vejo?)

Leia Apocalipse 5.1-8

Esse capítulo começa com choro, mas termina com regozijo. O capítulo 4 se concentrou em um trono e alguém assentado nele. Em seguida, mais personagens foram adicionados à cena: o Espírito Santo (sete olhos), os quatro seres viventes e vinte e quatro anciãos. Agora o elenco cresce ainda mais com as adições de um "anjo forte", um leão, um cordeiro e dezenas e dezenas de milhares de anjos.

1. Há um problema e uma solução nesse capítulo.

    a. Qual é o problema?

    b. Qual é a solução?

2. Em sua opinião, por que há sete selos em vez de cinco, dez ou vinte?

3. Em sua opinião, por que João estava chorando?

4. Como os sete espíritos do capítulo 5 diferem dos sete espíritos do capítulo 4 (ver 4.5; 5.6)?

5. Você vê algum significado na mudança?

Leia Apocalipse 5.9-14

6. Que três grupos louvaram o Cordeiro? Qual é o motivo do louvor de cada grupo ao Cordeiro (v. 9-10)?

   a. Grupo #1 –

   b. Grupo #2 –

   c. Grupo #3 –

ANALISE A MENSAGEM (Qual é o significado dela?)

> Um dos anciãos me disse: "Não chores; eis que o Leão da tribo de Judá, a Raiz de Davi, venceu para abrir o livro e os seus sete selos" (Ap 5.5).

1. Que relação você vê entre Gênesis 49.8-12 e Apocalipse 5.5?

2. De que tribo Jesus veio?

3. Se todos os sacerdotes tinham que vir da tribo de Levi, como Jesus pôde ser nosso Sumo Sacerdote (Hebreus 5.5-6; 7.14-17; 7.20-22)?

4. Apocalipse 5.9-10 revela que Jesus fez algo por nós no passado e fará algo por nós no futuro. Diga o que Ele fez, o que Ele fará e o significado de cada uma dessas coisas.

5. Liste os sete atributos do Cordeiro (v. 12):

   a.

   b.

   c.

   d.

   e.

   f.

   g.

COMPARE ESSE CAPÍTULO COM O RESTANTE DAS ESCRITURAS
(Ela é apoiada por outras passagens em Apocalipse, nos outros livros de João, no Antigo/Novo Testamento?)

Como o Apocalipse é o último livro da Bíblia, inclui muito do que lemos em outros lugares ao longo das Escrituras. Esse capítulo não é exceção. Você já viu como o Leão da tribo de Judá emerge da bênção de Jacó com proeminência entre os doze filhos. Agora vamos fazer mais comparações.

1. **Afirmação:** "Digno és de tomar o livro e de abrir-lhe os selos, porque foste morto" (Ap 5.9).

    - O que Deus forneceu para Adão e Eva depois de eles terem pecado (Gn 3.21)?

    - Onde você acha que Deus conseguiu o que Ele deu a Adão e Eva?

    - O que era essencial para que os israelitas recebessem o perdão (Ex 12.1-11)?

    - Como João Batista descreveu Jesus (Jo 1.29-31)?

- Como o apóstolo Paulo liga a Páscoa a Jesus Cristo (1Co 5.7)?

- Como o escritor de hebreus resume a necessidade do Cordeiro de Deus (Hb 9.22)?

2. **Afirmação**: "[...] compraste para Deus os que procedem de toda tribo, língua, povo e nação" (Ap 5.9).

   a. A palavra grega para "compraste" é *agorazo* – "adquirir". O mercado grego era chamado de ágora. Você poderia comprar não só comida e outros bens lá, mas também poderia comprar escravos. Porque éramos escravos do pecado (Rm 6.6), o nosso Senhor entrou na ágora e nos "comprou". Qual foi a moeda que Ele usou para nos resgatar?

   b. Jesus não parou com você e eu. O sangue Dele pagou o preço para tornar a salvação disponível para cada ser humano na Terra (1Jo 2.2). Por que você não faz uma pausa neste momento e agradece a Ele por sua redenção?

3. **Afirmação**: "[...] e para o nosso Deus os constituíste reino e sacerdotes; e reinarão sobre a Terra" (Ap 5.10).

   a. Um rei governa as pessoas, enquanto um sacerdote intercede em favor de outros. Um rei está acima de outras pessoas enquanto um sacerdote está entre o homem e Deus. Essa é uma das razões pelas quais acreditamos fortemente em um reinado milenar de Cristo. Há uma necessidade de sacerdotes no planeta Terra, mas não há a mesma necessidade na Nova Jerusalém. Haverá culto e reino na Nova Jerusalém, mas não há necessidade de um sacerdote, por causa da presença de Cristo. Na verdade, a palavra "sacerdote" (singular) não é encontrada no livro do Apocalipse, e a palavra "sacerdotes" (plural) é encontrada apenas três vezes, usada no contexto do reinado milenar de Cristo (Ap 1.6; 5.10; e 20.6).

b. Isso significa que provavelmente estaremos bastante ocupados durante o milênio. Não haverá necessidade de partidos políticos, ou de um Congresso ou Parlamento. Não haverá lugar para um ditador. O milênio será uma monarquia, e serviremos ao monarca, o Senhor Jesus Cristo. Haverá territórios sobre os quais seremos responsáveis. O tamanho e a localização confiados a nós provavelmente dependerão de nossa fidelidade ao Senhor no presente e dos dons e das habilidades que Ele nos dará naquele momento. Isso é o que Jesus falou para Seus discípulos no Monte das Oliveiras, dizendo: "Disse-lhe o senhor: 'Muito bem, servo bom e fiel; foste *fiel no pouco, sobre o muito te colocarei;* entra no gozo do teu senhor'" (Mt 25.23).

EXECUTE (E daí? Como isso afeta minha vida hoje?)

Princípio: Jesus é digno de nossa adoração e de nosso serviço incondicionais.

Jesus, o Leão da tribo de Judá e o Cordeiro de Deus que tira o pecado do mundo, venceu o pecado ao pagar sua pena de morte. Por causa desse ato de sacrifício, o Leão e o Cordeiro são dignos. Digno de receber poder, riquezas, sabedoria, força, honra, glória e bênção! Ele também é digno de trazer um julgamento justo sobre Israel e as nações.

Você e eu também somos dignos porque estamos em Cristo.
1. Como o apóstolo Paulo diz que podemos andar de modo digno na vocação a que fomos chamados (Ef 4.1-3)?

2. Como ele sugere que andemos de forma digna em Filipenses 1.27-28?

3. Como ele sugere que andemos de forma digna em Colossenses 1.10-14?

4. À luz do fato de que Cristo nos redimiu e nos libertou da escravidão espiritual, como você usa sua liberdade em Cristo?

5. Quais são alguns exemplos das "pequenas coisas" em que você é fiel?

6. Quais são alguns exemplos das "grandes coisas" em que você é fiel?

7. Você está tendo sucesso em andar de modo digno com o Senhor? Em que áreas da sua vida você vê espaço para crescimento?

O CORDEIRO ABRE OS SELOS

APOCALIPSE 6

Para aqueles que veem Jesus apenas como manso e humilde, como quem não julga e é tolerante para com o pecado, pode ser um choque saber que é Ele quem abrirá todos os sete selos do juízo. Em seguida, Ele dará continuidade trazendo julgamento através de sete anjos com sete trombetas (capítulos 8-9) e, finalmente, sete anjos com sete taças (capítulo 26). Jesus é o epítome do amor, mas o verdadeiro amor não subsiste sem a graça, a misericórdia e a justiça.

Deus enviou Seus profetas a Israel por séculos, apelando ao povo para que voltassem para Ele. Várias vezes, eles recusaram. Por fim, o Senhor finalmente deixou que a Assíria removesse o reino do norte de Israel (722 a.C.). Mais tarde, Ele usou a Babilônia (586 a.C.) para levar Judá em cativeiro por 70 anos. Da mesma forma, desde a cruz, Deus deu à humanidade mais de dois mil anos para recorrer Àquele que morreu pelos pecados dos homens. Mas eles continuam a rejeitar o Deus que os ama sacrificialmente. Eles querem ser seus próprios deuses, fazendo o que querem para conseguir o que desejam. Está chegando um momento em que o Cordeiro porá um fim a todo o pecado e trará julgamento sobre o povo e a nação – um julgamento que eles tanto merecem.

Leia Apocalipse 6.1-8

Muito tem sido escrito sobre os quatro cavaleiros em Apocalipse 6. Na verdade, o termo já foi aplicado ao time de futebol americano da universidade Notre Dame. O treinador era Knute Rockne, que colocou quatro alunos do segundo ano na linha de ataque. Eles jogaram contra o Army em 18 de outubro de 1924 e ganharam por 13 a 7. O lendário escritor esportivo Grantland Rice recebera do *New York Herald Tribune* a tarefa de cobrir o jogo. Ao escrever sua coluna, ele se referiu a esses quatro alunos do segundo ano como "Fome, Peste, Destruição e Morte" e deu-lhes o nome de "Os Quatro Cavaleiros". A pessoa responsável pela publicidade da Notre Dame também fotografou os quatro homens montados em cavalos. Com isso, eles se tornaram uma lenda e foram chamados de "Os Quatro Cavaleiros do Apocalipse".[1] A partir daí, o termo se tornou popular.

Bem, você não vai ler nada sobre futebol nesse capítulo, mas a abertura dos quatro primeiros selos libera os quatro cavaleiros *bíblicos*. Antes de continuar lendo, visualize o que João está descrevendo. Ele vê quatro cavalos, cada um com uma cor e um cavaleiro diferente – um branco, um vermelho flamejante, um preto e um amarelo. Os cavaleiros levam seus cavalos para os cantos mais distantes deste mundo. Os julgamentos trazidos por eles não são locais, mas universais. Eles espalham conflitos, fome e morte por todo o mundo. E à medida que a humanidade se recupera dessas catástrofes, os governos de todo o mundo entram em colapso.

CAPTURE A CENA (O que eu vejo?)

O primeiro cavaleiro vem trotando em um cavalo branco. No antigo Oriente Médio, reis que entravam em uma cidade montando um jumento vinham em paz. No entanto, quando montavam um cavalo branco, vinham para a guerra.

1. O que o profeta Zacarias previu que aconteceria no futuro (Zc 9.9-10)?

2. Quando essa profecia foi cumprida e por quem (Jo 12.12-15)?

3. O cavaleiro em Apocalipse 6.2 irá conquistar através da paz ou através da guerra? O fato de ele carregar um arco, mas nenhuma flecha, afeta sua resposta?

4. E o cavaleiro de Apocalipse 19.11-16?

5. Quando Davi ficou velho, qual filho se apresentou para ser o novo rei de Israel (1Rs 1.5-8)?

6. Quando Salomão foi selecionado para se tornar rei, em que animal ele cavalgou para mostrar que estava vindo em paz (1Rs 1.38-40)?

Esse primeiro cavaleiro monta um cavalo branco. Alguns acreditam que ele seja Jesus, mas há duas razões pelas quais isso não pode ser verdade. Primeira, nesse momento, Jesus está abrindo os selos para trazer julgamento (Ap 6.1). Segunda, embora Ele volte à Terra cavalgando em um cavalo branco (Ap 19), ainda não é chegada a hora Dele. Esse cavaleiro é o Anticristo, que sai pelo mundo para conquistar corações e mentes da população mundial e garantir a lealdade deles.

7. Os próximos três cavalos multiplicam a desgraça que ocorrerá durante a tribulação. Use algumas palavras para descrever o que cada cavalo e cavaleiro faz:

   a. O cavalo vermelho e seu cavaleiro –

   b. O cavalo preto e seu cavaleiro –

   c. O cavalo amarelo e seu cavaleiro –

Esses quatro cavaleiros significam que a questão é séria. O primeiro, o Anticristo, irá ao mundo conquistar mentes e corações das pessoas para que se tornem suas seguidoras. Mais tarde, não haverá revolta quando ele forçar a colocação de uma marca na mão ou na testa das pessoas. Da mesma forma que, durante a Covid, as determinações de uso de máscaras e aplicações de vacinas restringiram o acesso das pessoas ao comércio e até mesmo a oportunidades de emprego, a marca desse primeiro cavaleiro será necessária para que as pessoas comprem e vendam. E elas vão concordar com isso, porque o sistema será muito poderoso para que elas o rejeitem.

O segundo cavaleiro removerá todas as formas de paz da Terra. Isso afetará empresas, governos, unidades familiares e o que resta daqueles que continuam em suas antigas religiões. Acordos comerciais não serão mais confiáveis. Mentir se tornará a língua nativa do "acordo". Ódio, vingança e assassinato virão em seguida.

O terceiro cavaleiro trará fome por toda a Terra. Aqui pensamos no profeta Jeremias, que implorou para que o seu povo se voltasse para Deus e os avisou de uma invasão babilônica, mas eles não ouviram. Assim, Deus trouxe os poderosos babilônios contra a cidade que carregava o Seu nome e arrasou Jerusalém. Enquanto a poeira ainda estava baixando, o profeta pegou uma pena e em lágrimas lamentou:

> Como jaz solitária a cidade
> outrora populosa!
> Tornou-se como viúva
> a que foi grande entre as nações;
> princesa entre as províncias,
> ficou sujeita a trabalhos forçados...
> Vê, ó Senhor, e considera
> a quem fizeste assim!
> Hão de as mulheres comer o fruto de si mesmas,
> as crianças do seu carinho?
> Ou se matará no santuário do Senhor
> o sacerdote e o profeta? (Lm 1.1; 2.20).

Fome e escassez trazem à tona o pior das pessoas. O desespero torna maus até os mais benignos.

O quarto cavaleiro removerá *2 bilhões* de pessoas da Terra. Pare e pense nisso por um momento. Um quarto dos 8 bilhões de pessoas do mundo morrerão pela espada, fome, morte ou pelas feras. Estamos falando de *2 bilhões*. É difícil que nossa mente tenha noção de um número tão alto. No momento em que escrevo isto, o mundo está perturbado pelo fato de 5 milhões de mortes terem ocorrido por causa do coronavírus. Não pretendemos minimizar a dor e a tristeza daqueles que perderam entes queridos, mas precisamos entender que isso é um quarto de 1% daqueles que serão mortos durante apenas os julgamentos dos selos. Imagine quando a mídia começar a relatar os milhões que estarão morrendo de doenças, guerra, violência em menor escala, várias catástrofes e ataques de animais selvagens.

Tudo isso ocorrerá durante os quatro primeiros julgamentos dos selos. Mais três ainda estão por vir.

Leia Apocalipse 6.9-11

Quando o quinto selo é aberto, somos apresentados aos mártires da tribulação. Se estamos esperando por boas ou más notícias, a frase que acompanha nossa espera é "Até quando"? É a mesma pergunta que o profeta Isaías fez ao Senhor quando Deus lhe disse para ir a um povo teimoso que não iria lhe dar ouvidos: "Até quando, Senhor?" (Is 6.11). O profeta Habacuque levantou a mesma questão enquanto observava o sucesso dos ímpios e se perguntava por que Deus retinha Sua mão de exercer o julgamento:

> Até quando, Senhor, clamarei eu,
> e tu não me escutarás?
> Gritar-te-ei: "Violência!"
> E não salvarás? (Hc 1.2).

Aqui em Apocalipse 6.10, os mártires fazem a mesma pergunta, mas eles não recebem a resposta pela qual provavelmente estavam esperando.

8. Que resposta é dada aos mártires?

9. Que pensamentos vêm à sua mente sobre Deus quando você lê que a paciência Dele para com os ímpios irá resultar na morte violenta de muitas pessoas do próprio povo Dele?

Deus nunca se surpreende com nada que acontece no planeta Terra. Eclesiastes nos diz que há um tempo para nascer e um tempo para morrer. Todos nós temos a nossa "hora marcada" quando deixaremos nosso corpo e seremos levados à presença de nosso Senhor. Durante a tribulação, um número específico de santos será martirizado. Então Deus vingará o martírio deles. Embora permitir tal martírio possa parecer duro de uma perspectiva humana, a compreensão de que a paciência de Deus significa a salvação eterna para um número muito maior de pessoas nos ajuda a reconhecer o plano maior Dele.

Leia Apocalipse 6.12-17

A abertura do sexto selo traz um terremoto severo. O livro de Apocalipse é repleto de momentos em que Deus faz tremer a Terra, e cada tremor mencionado é pior do que o anterior (6.12; 11.13, 19; 16.17-19). Esse primeiro é chamado de "um grande terremoto". Tal terremoto registrará um número alto na escala Richter e produzirá devastação generalizada. No dia seguinte ao Natal de 2004, a Indonésia sofreu um terremoto de 9,1. O tsunami resultante no Oceano Índico tirou 230 mil vidas. No mesmo dia, um ano antes, o chão tremia no Irã. Embora esse terremoto só tenha registrado 6.1, ainda tirou 50 mil vidas. Mesmo esses dois tremores são fracos em comparação com o que acontecerá quando Deus começar a sacudir a Terra.

ANALISE A MENSAGEM (Qual é o significado dela?)

1. Quem está dirigindo os julgamentos?

2. Com base em que Ele tem autoridade para julgar?

3. Como as pessoas na Terra reagem a esses julgamentos (v. 15-17)?

4. O que acontece com o status social das pessoas naquela época (v. 15-17)?

5. Qual é a diferença entre o Inferno (do grego Hades) e a Morte (v. 8)?

6. Nesse capítulo, qual é o papel dos quatro seres viventes?

7. O que significa "a ira do Cordeiro" (v. 16)?

COMPARE ESSE CAPÍTULO COM O RESTANTE DAS ESCRITURAS
(Ela é apoiada por outras passagens em Apocalipse, nos outros livros de João, no Antigo/Novo Testamento?)

1. Como João 5.22 justifica o Cordeiro como um juiz?

2. Como os quatro seres viventes em Apocalipse se comparam com os de Ezequiel 1 e 10?

3. Como os quatro cavalos de Apocalipse se comparam com os de Zacarias 6.1-8?

4. Um dos cavaleiros em Apocalipse é a Morte, e atrás dele está o Inferno (Hades). Esses dois são encontrados em outras passagens das Escrituras.

   a. O que o Inferno alega em Lucas 16.23-28? (A palavra traduzida como "inferno" na Almeida Revista e Atualizada, no texto grego é *Hades*).

   b. Quem tem as chaves do Inferno (Ap 1.18)?

   c. Qual é o destino final dos que estão no Inferno (Ap 20.13-14)?

5. Como os santos de Apocalipse 6 diferem dos santos da era da igreja?

6. Onde se diz que os santos da igreja estão neste momento?

7. Como a descrição de João das mudanças cósmicas se compara com as descrições do profeta Joel (Jl 2.1-2, 10-11, 30-31; 3.14-16)?

8. Compare esses eventos com o que está descrito em Isaías 13.9-11.

9. Compare esses eventos com a descrição em Amos 5.18-19.

10. Que garantia o apóstolo Paulo dá à igreja no que diz respeito ao "Dia do Senhor" que aparece como um ladrão durante a noite (1Ts 5.1-9)?

EXECUTE (E daí? Como isso afeta minha vida?)

Princípio: Não podemos impedir o julgamento de Deus, mas podemos preparar outros para escapar dele.

Talvez você se pergunte como esses eventos podem nos afetar, já que nós, como igreja, estaremos no céu. O fato é que eles não vão nos afetar quando ocorrerem, mas certamente devem nos motivar agora. Talvez você tenha amigos e familiares que, se não forem salvos, experimentarão as tragédias de Apocalipse 6. O Senhor pode estar chamando você para avisá-los desse perigo iminente. Talvez você queira orar para que Deus o guie sobre quando falar e quando se abster de falar. Quem você conhece que precisa do Senhor? Por que não fazer uma lista de dez pessoas em seu círculo de influência que ainda não conhecem o Senhor, orar por elas e buscar por oportunidades para compartilhar o Evangelho na esperança de que elas possam evitar a devastação descrita em Apocalipse 6-19?

OS QUE PODEM SUBSISTIR (PRIMEIRO INTERLÚDIO)

APOCALIPSE 7

Ao final de Apocalipse 6, faz-se a pergunta: "Chegou o grande Dia da ira deles; e *quem é que pode subsistir?*"[1] (v. 17). Agora, no capítulo 7, vemos 144 mil mãos se levantarem em resposta. Vamos aprender mais sobre esses 144 mil nesta lição.

Por alguma razão, há cristãos que pensam que estamos na tribulação hoje. Mas não vemos confirmação para isso na Bíblia. De acordo com a linha do tempo de Paulo para os últimos dias, as coisas que acontecem em nosso mundo hoje não se encaixam no que as Escrituras dizem que acontecerá durante a tribulação.

Leia 2 Tessalonicenses 2.1-11

Aqui, vemos a agenda de Deus para o que acontecerá antes que o Anticristo seja revelado. Primeiro, Ele permitirá que as pessoas "caiam" na apostasia. Segundo, o Espírito de Deus na igreja, detentor da vinda do Anticristo, será removido. E terceiro, para que isso

---

1 As versões AA e NAA, entre outras, trazem o termo "subsistir". A Nova Almeida Atualizada (NAA) é de 2017, mas outras versões consagradas, como a Almeida Revisada Imprensa Bíblica (AA), empregam o mesmo termo.

aconteça, a igreja precisa ter ido embora. Nós somos habitados pelo Espírito Santo. A única maneira do Espírito de Deus deixar a Terra é Deus nos levar também. Somente após essas coisas acontecerem é que o Anticristo será revelado e a tribulação terá início.

Sim, estamos vivendo tempos difíceis agora. Em todo o mundo vemos convulsões sociais, desastres naturais, pandemias e violência. Mas se você acha que isso é ruim, como diz o velho ditado: "Você ainda não viu nada".

A tribulação será um período único na história humana e quando ela começar, aqueles que forem deixados para trás saberão disso. Ela não terá precedentes e nada como ela acontecerá novamente no futuro. Mas mesmo em meio ao julgamento, o caráter de Deus não muda. O desejo Dele ainda é que as pessoas venham até Ele para serem salvas. Por isso, Ele irá apresentar um testemunho – ou, mais precisamente, 144 mil testemunhas.

Leia Apocalipse 7.1-8

CAPTURE A CENA (O que eu vejo?)

João nos apresenta cinco anjos. Quatro deles estão segurando os quatro ventos da Terra. Eles têm um enorme poder para danificar a Terra e o mar. No entanto, antes que eles cumpram com suas responsabilidades, outro anjo sobe para contê-los até que 144 mil evangelistas judeus sejam selados por Deus para proteção durante toda a tribulação. Assim como os incrédulos terão a marca da besta em suas testas ou mãos, esses evangelistas também têm o selo de Deus em suas testas.

Isso se parece um pouco com um evento sobre o qual lemos no livro de Ezequiel. Mencionamos no início deste estudo que o profeta estava vivendo na Pérsia (Irã), mas foi levado para Jerusalém pelo Espírito Santo em uma visão. O Espírito mostrou a Ezequiel o que, na escuridão, estava acontecendo no templo. Os sacerdotes estavam adorando ídolos e as mulheres estavam queimando incenso para a rainha do céu. Então Deus convocou um anjo para percorrer toda a cidade e colocou uma marca na testa daqueles que lamentavam isso e sofriam com todas as coisas detestáveis sendo feitas em Jerusalém. Quando essa missão estava completa, Deus enviou outros anjos para matar aqueles que não tinham a marca na testa (Ez 9).

Leia Apocalipse 7.9-17

É interessante que antes do julgamento cair sobre a Terra, há louvor no céu. Uma razão talvez seja que séculos se passaram enquanto Deus via a humanidade piorar cada vez mais. Ele tem esperado pacientemente que mais pessoas se voltem para Ele. Todavia, por fim, chegará o tempo marcado para Ele lidar com o pecado. Em resposta, todo o céu se alegrará em ver a santidade Dele prevalecer.

À medida que o capítulo 7 continua, a cena passa dos que estão na Terra para os cristãos no céu que foram martirizados pelo Anticristo. Mais uma vez, ouvimos uma canção de louvor Àquele que está assentado no trono (Deus, o Pai) e ao Cordeiro. Enquanto os santos da tribulação estão louvando a Deus, todos os anjos, os anciãos e os quatro seres viventes se juntam ao culto de louvor e proclamam o motivo de seu louvor.

1. Onde ocorre o evento de Apocalipse 7.1-8?

2. Onde ocorre o evento de Apocalipse 7.9-17?

3. Liste os personagens mencionados nos versículos 1-8.

    a.

b.

c.

d.

4. Qual é a nacionalidade dos 144 mil?

5. Por que você diz isso?

6. Identifique os personagens nos versículos 9-17.

   a.

   b.

   c.

   d.

e.

f.

g.

ANALISE A MENSAGEM (Qual é o significado dela?)

1. Que pergunta importante o capítulo 7 responde? (Confira o último versículo do capítulo 6)

2. Há quem não acredite que esses 144 mil sejam judeus. Como você responde a isso?

3. O que os três primeiros versículos dizem sobre a hierarquia angelical?

4. Por que essa multidão está diante do trono e do Cordeiro?

5. O que você acredita ser o significado dos ramos de palma nas mãos dos mártires (v. 9)?

6. Como você sabe que esses cristãos não são da era da igreja?

7. Que bênçãos esses cristãos recebem de Deus, do Pai e do Cordeiro?

COMPARE ESSE CAPÍTULO COM O RESTANTE DAS ESCRITURAS
(Ela é apoiada por outras passagens em Apocalipse, nos outros livros de João, no Antigo/ Novo Testamento?)

1. Nesse capítulo nos é dito que os 144 mil são selados por Deus.

   - Como é usado o termo "selado" em Daniel 6.17?

   - Como ele é usado em Daniel 12.9?

   - Como ele é usado em Jeremias 32.8-12?

- Em Efésios 1.13-14; 4.30?

EXECUTE (E daí? Como isso afeta minha vida?)

Princípio: Se você conhece Cristo como seu Salvador, você foi selado com o Espírito Santo.

1. O que esse selo do Espírito Santo garante a você quando você morre (ver 2Co 5.8)?

2. O que o selo do Espírito Santo faz por você enquanto você continua sua jornada espiritual pela vida (ver 1Jo 2.20-27)?

3. O que o selo do Espírito Santo faz por você enquanto você aguarda o retorno de Cristo?

SOAM AS TROMBETAS

APOCALIPSE 8-9

Os julgamentos dos selos dizimaram um terço da humanidade. Nunca houve tanta devastação no planeta Terra. Como a mídia tentará explicar esses eventos inacreditáveis que ocorrem diante os olhos deles? Como os governos vão emitir um comunicado público sobre todas essas coisas? Nesse ponto, o mundo não terá ideia do *porquê*. Muito menos do *quê*. Esta é a pergunta que eles vão querer respondida: "Por que isso está acontecendo conosco?". No entanto, a única pergunta que eles deveriam fazer é *quem*. É possível que alguns cientistas expliquem que esses desastres são os resultados naturais do aquecimento global ou de alguns outros fenômenos das mudanças climáticas. Outros encontrarão maneiras de culpar os cristãos – os quais terão todos desaparecido. Outros ainda podem culpar alienígenas do espaço e alegar que aqueles que partiram foram levados para outro planeta. Por mais loucas que as respostas das pessoas sejam, elas manterão seus palpites no reino do natural, porque não querem admitir a possibilidade de que os desaparecimentos aconteceram de forma sobrenatural.

Por fim, porém, alguns se lembrarão de mensagens que ouviram em uma igreja ou de um pregador cristão. Outros podem se lembrar de um livro que seu cônjuge leu antes de desaparecer. Na verdade, o livro que você está segurando em suas mãos agora pode ser usado por Deus para explicar o *quem* depois de você ter desaparecido da Terra.

Por mais louco que o mundo já tenha ficado, isso é apenas um prenúncio do que está por vir.

Leia Apocalipse 8.1-5

Como estará o céu nesse momento? Os sete anjos com as sete trombetas estão prestes a desencadear uma série alucinante de pragas, fenômenos cosmológicos e desastres ecológicos. Vamos dar uma olhada e ver o que está acontecendo no céu enquanto a população da Terra não tem ideia do que está prestes a descer sobre ela.

Silêncio! Em meio a todos os julgamentos devastadores que Deus derramou sobre a Terra, nenhum som é ouvido. Sem harpas. Sem canções de louvor. Sem raios ou trovões. Apenas *silêncio*! Somos lembrados de como é nos vestiários antes de começar o jogo da final do campeonato. Os jogadores não estão se cumprimentando. Nem estão gritando sem parar sobre como vão derrotar o outro time. Normalmente, há silêncio. Na verdade, para muitas equipes esportivas, esse é o código antes de um jogo. Cada homem está calmamente passando pelo "E se...?" de seu oponente. Tanta coisa está em jogo. Cada homem quer dar o seu melhor. Os jogadores da defesa podem estar repassando algumas das jogadas em sua mente. Os jogadores do ataque estão mentalmente ensaiando suas jogadas de finalização. O meio campo está visualizando como passará pela defesa e penetrará a pequena área do outro time. Mas ninguém está falando.

O céu está em silêncio, mas não está paralisado. Os preparativos estão sendo feitos para a próxima série de julgamentos a serem lançados. Quando o tempo termina, algo interessante ocorre para quebrar o silêncio. Um anjo avança com um incensário de ouro na mão. Após enchê-lo com o incenso das orações dos santos da tribulação, ele vira e arremessa o incensário em direção à Terra.

Trovão, estrondos, relâmpagos e um terremoto – a quietude é quebrada de forma dramática. Então as trombetas soam. Não foram os ricos sons de shofares ou chifres de carneiros. Foram explosões estridentes anunciando a todos que os julgamentos recomeçaram.

Leia Apocalipse 8.6-9.21

CAPTURE A CENA (O que eu vejo?)

1. Quais são os resultados após o primeiro som de trombeta?

2. Quais são os resultados após o segundo som de trombeta?

3. Quais são os resultados após o terceiro som de trombeta?

4. Quais são os resultados após o quarto som de trombeta?

5. Quais são os resultados após o quinto som de trombeta?

6. Quais são os resultados após o sexto som de trombeta?

7. Como a humanidade irá responder a esses eventos mortais que irrompem na Terra?

8. Quem são os únicos indivíduos não afetados pelos gafanhotos?

9. Qual é o nome do rei dos gafanhotos?

ANALISE A MENSAGEM (Qual é o significado dela?)

1. Nos dias atuais, a população da Terra é de cerca de oito bilhões de pessoas. Um quarto da população mundial será morta pelo julgamento do quarto selo (Ap 6.8). Quanto da população será deixada?

2. De acordo com Apocalipse 9.18, outro terço da população mundial será morta por três pragas de fogo, fumaça e enxofre. Quanto da população mundial será deixada?

3. Não só a água salgada da Terra será afetada pelos julgamentos das trombetas. O que acontecerá com o abastecimento de água doce durante esse tempo?

4. Em que consiste o "primeiro ai" de Apocalipse 9.1-12?

5. Uma vez que os quatro anjos são liberados para realizar o trabalho que lhes foi preordenado, qual será o resultado?

6. Apocalipse 8 fala sobre um incensário de ouro e de um altar de ouro com incenso. Onde esse altar de ouro ficava localizado no tabernáculo e no templo?

COMPARE ESSE CAPÍTULO COM O RESTANTE DAS ESCRITURAS
(Ela é apoiada por outras passagens em Apocalipse, nos outros livros de João, no Antigo/Novo Testamento?)

7. Antes que o silêncio seja quebrado no capítulo 8, um anjo aparece com um incensário de ouro e fica de pé junto ao altar de ouro. O anjo recebe muito incenso para oferecer, com as orações de todos os santos. Mas quem tem taças de ouro cheias com as orações dos santos em Apocalipse 5?

8. As orações dos santos em Apocalipse 5 seriam o mesmo que as orações dos santos em Apocalipse 8? Qual é a sua evidência para essa resposta?

9. Aqueles que carregam o selo de Deus no capítulo 7 são os mesmos que estão selados no capítulo 8? Qual é a sua evidência para essa resposta?

10. Em Apocalipse 9.1, lemos que uma estrela cairá do céu. Há outra estrela que cai do céu em Isaías 14.12. Elas seriam a mesma estrela? Por que ou por que não?

11. A qual dessas estrelas João se referia em Apocalipse 12.7-9?

12. A qual dessas estrelas Jesus se referia em João 12.31?

EXECUTE (E daí? Como isso afeta minha vida?)

Princípio: Deus faz muitas advertências antes de trazer julgamento.

O longo período dos profetas serve como evidência da paciente compaixão de Deus pela humanidade. Ele levantou profeta após profeta para avisar as pessoas sobre o que aconteceria caso elas se recusassem a se arrepender e a recorrer a Ele. Com Israel, Deus quis muito ter um relacionamento com Seu povo, mas eles não O receberam. Embora os gentios estivessem se voltando para Deus, os israelitas ainda O recusaram. Em Isaías, ouvimos as palavras frustradas e tristes de Deus:

> Fui buscado pelos que não perguntavam por Mim;
> fui achado por aqueles que não Me buscavam;
> a um povo que não se chamava do Meu nome,
> eu disse: "Eis-me aqui, eis-me aqui" (Is 65.1).

O problema do homem durante a tribulação não será falta de aviso. Deus tem dado muitos avisos sobre esse tempo marcado desde os dias do profeta Joel. Mas como a tribulação ainda não aconteceu, muitos estão desdenhando dela. A humanidade segue a vida como se o julgamento nunca fosse acontecer.

1. Você consegue se lembrar de outras advertências na Bíblia que foram dadas antes de alguma grande catástrofe ocorrer, mas a qual poucos prestaram atenção?

2. Quais são os sinais de alerta que você vê hoje de que o Senhor está se preparando para trazer esse tempo da angústia de Jacó sobre o mundo?

3. Quais são algumas das evidências que você vê que servem como advertências de que o Anticristo está chegando em breve no cenário mundial?

4. Agora que você está ciente do que a Bíblia diz sobre eventos futuros, o que você planeja fazer com essa informação no que diz respeito a seus amigos e familiares?

UM LIVRINHO E DUAS TESTEMUNHAS (SEGUNDO INTERLÚDIO)

APOCALIPSE 10-11

Quando entrarmos neste capítulo, descobriremos que é o segundo interlúdio para a mensagem profética de João. A frase "anjo forte" ou "anjo poderoso" aparece três vezes em Apocalipse. Esse capítulo abre com a apresentação do segundo "anjo forte".

Leia Apocalipse 10.1-4

Não sabemos como a aparência desse anjo difere de qualquer um dos outros, mas algo fez João adicionar o adjetivo "forte" ou "poderoso" nessa passagem. Pode ter sido o tamanho do anjo, seu porte, a forma como outros anjos respondiam a ele ou algo notável sobre sua aparência. Nós o vemos com o pé direito plantado no mar e o pé esquerdo na terra, e ele solta um grito que soa como um leão rugindo.

A voz desse anjo teve como resposta sete trovões. O que são os sete trovões, não sabemos. E o que disseram, João não diz. Mas não podemos culpá-lo porque ele foi instruído a guardar essa informação para si mesmo.

Leia Apocalipse 10.5-7

A palavra "mistério" aparece quatro vezes no livro do Apocalipse (1.20; 10.7; 17.5, 7). Você vai se lembrar que, nas Escrituras, um mistério é uma verdade que não havia anteriormente sido revelada. A segunda vinda de Cristo não é um mistério, porque o Antigo Testamento ensina sobre isso constantemente. No entanto, a igreja era um mistério até sua revelação no Novo Testamento.

O anjo forte erguido com um pé na terra e outro no mar levanta sua mão direita para o céu e diz que não haverá mais atraso – o mistério de Deus seria cumprido. Ele está na posição de quem está fazendo um juramento. Fica ereto com a mão direita em direção ao céu e declara que o tempo acabou. O mistério de Deus será revelado.

A que mistério ele está se referindo? Se isso tem sido um mistério até agora, teria que ser algo não explicado no Antigo Testamento. Mas, em vez disso, ele diz que o mistério "se cumpriria". Que maneira interessante de falar sobre isso.

A verdade sobre o Messias vir à Terra e estabelecer o Seu reino milenar já havia sido revelada por muitos profetas. Mas até o momento em que João escreveu o livro do Apocalipse, esse evento ainda não havia sido realizado. Quando o Messias voltar à Terra algum dia, estabelecerá Seu reino que durará 1.000 anos.

Leia Apocalipse 10.8-11

Durante séculos, os profetas alertaram para esse dia e hora, e agora é hora de o Senhor cumprir as promessas que Ele fez através deles. O anjo mal termina o seu voto e outra voz é ouvida. Dessa vez ela vem do céu. João é instruído a pegar um livrinho e comê-lo. Ele irá amargar em seu estômago, mas em sua boca o livro será doce como o mel.

Observe que o livro na mão do anjo é um livro "aberto" (v. 8), e está assim há algum tempo. O tempo do verbo grego usado aqui nos mostra que o livro foi aberto no passado e ainda estava aberto no momento em que João escreveu essas palavras. Isso talvez signifique que as profecias do livro são do Antigo e do Novo Testamento.

A ideia de o livro ser doce ao paladar, mas azedo para o estômago indica como uma pessoa pode responder quando confrontada por essas verdades proféticas. A parte doce das profecias é saber que Deus vai acertar as contas das desumanidades do homem para com os semelhantes e a rejeição do povo ao Filho de Deus. Todavia, quando se começa a digerir a devastação que virá sobre esse planeta, isso pode ser bastante sério e fazer com que uma pessoa se sinta desconfortável.

No passado, quando eu, Rick, ensinava o livro do Apocalipse, tendia a transmitir principalmente as informações sem muita contemplação sobre como as coisas serão quando o período de tribulação chegar. Mas no curso da escrita deste livro de exercícios, despertei mais para a realidade do que ainda está por vir. Cada dia vai parecer o fim do mundo para os que estiverem presos na tribulação; por um longo tempo, haverá mais julgamentos por vir. Quando penso na perda de vidas, na perda de renda e na completa incapacidade de qualquer um de controlar as tragédias cosmológicas ou ecológicas que ocorrerão, percebo que aqueles que não têm nenhum relacionamento com Cristo estarão verdadeiramente sem esperança.

Leia Apocalipse 11.1-14

À medida que avançamos para o capítulo 11, o segundo interlúdio continua. Quando falamos de um interlúdio, queremos dizer que na tribulação, no final do capítulo 9, o tempo ficou parado e não vai ser retomado até chegarmos ao capítulo 15. Conforme nos aproximamos do capítulo 11, ainda estamos na primeira metade da tribulação, nos primeiros três anos e meio. Para esses capítulos, vamos deixar você assumir a liderança respondendo a algumas perguntas antes de dizermos qualquer coisa sobre o texto.

1. O que foi ordenado que João fizesse no templo?

2. Por quanto tempo os gentios vão calcar aos pés a cidade santa?

3. Onde mais na Bíblia você lê sobre duas oliveiras?

4. Que tipo de poder essas testemunhas têm?

5. Que poder é dado ao Anticristo em relação às duas testemunhas?

6. Como as pessoas ao redor do mundo reagirão à morte das duas testemunhas?

7. Quantas pessoas serão mortas no terremoto que se segue à ascensão das duas testemunhas?

João recebe uma vara de medição para medir o templo, o altar e contar os adoradores, mas não o pátio externo, porque ele está sob o controle dos gentios. Você pode pensar consigo mesmo: *Já não era para os tempos dos gentios terem terminado, uma vez que Israel é novamente uma nação?* Em muitos aspectos, Israel tem o controle da Terra Prometida, mas pense por um momento. Quem tem o controle do Monte do Templo hoje, onde os judeus acreditam que os dois templos anteriores estavam localizados? Correto – os muçulmanos atualmente têm controle sobre o lugar mais sagrado para religiosos judeus hoje. Gentios continuam a calcar os pés no chão onde o Primeiro e o Segundo Templos estavam. Eles não só têm acesso à área do pátio externo, mas também andam por onde o Santo dos Santos estava anteriormente localizado.

No futuro, outro templo estará estabelecido naquele local. Nós o chamamos de templo do período da tribulação. É aquele em que o Anticristo se exaltará e exigirá adoração tanto de judeus quanto de gentios (Ap 13.5-8). Os "tempos dos gentios" mencionados em Lucas 21.24 serão cumpridos quando nosso Senhor retornar à Terra.

João recebe ordens para medir não só o templo, mas também os adoradores. Os judeus tinham o hábito de adorar a Deus externamente, bem como adorar outros deuses em lugares escondidos (Ez 8). Eles adoravam de forma automática enquanto seus corações estavam em outro lugar (Mt 13.13-15).

Deus dará às duas testemunhas em Apocalipse 11 grande poder para pregar e alertar o povo da destruição iminente. Elas terão o poder de fechar os céus para que não haja chuva, trazer fogo do céu contra seus inimigos, transformar as águas em sangue e atacar a Terra com pragas sem limites. Deus também protegerá essas testemunhas por um período. O prazo é fornecido de duas formas: meses (42) e dias (1.260). Ambos somam três anos e meio. Como a Tribulação é dividida em duas metades, esses eventos ocorrerão na primeira ou na segunda metade da tribulação. Como o Anticristo parece chegar ao zênite de seu poder depois de matar as duas testemunhas, o prazo é provavelmente a primeira metade da tribulação.

Deus dará a essas duas testemunhas uma tarefa importante: testemunhar. Converter os corações do povo ao Senhor, assim como os 144 mil evangelistas judeus que percorrerão a Terra para proclamar a salvação de Deus. Muitos virão a crer através dos testemunhos delas, mas milhões de outros as querem mortas. E uma vez que sua tarefa for concluída, Deus permitirá que o Anticristo dê ao povo o que eles desejam. Ele vai matar as testemunhas, para o deleite de grande parte do mundo.

CAPTURE A CENA (O que eu vejo?)

Em Apocalipse 11 você verá muita atividade acontecendo, tanto natural quanto sobrenatural. Antes de continuar, termine de ler o capítulo 11.

Leia Apocalipse 11.15-19

1. Identifique a "grande cidade" e forneça suporte para sua resposta (v. 8).

2. Contraste o que deve ter passado pelas mentes dos apóstolos enquanto eles assistiam a Jesus ascender ao céu com o que provavelmente passará pelas mentes da população mundial ao assistir às duas testemunhas ascenderem ao céu.

3. Onde mais no livro do Apocalipse você lê as palavras: "Subi para aqui" (v. 12)?

4. A celebração por parte dos descrentes não dura muito tempo. Por que não?

5. A sétima trombeta soa durante esse interlúdio e muda o foco da Terra para o céu. Quem participa da adoração que acontece no céu nesse momento?

6. Qual é a principal razão pela qual aqueles que estão no céu estarem adorando a Deus?

7. O que ocorre na Terra após a grande adoração no céu?

8. Descreva, em um parágrafo, o que o anjo forte no capítulo 10 está fazendo.

9. Que dois atributos principais o anjo imputa a Deus no capítulo 10?

10. Compare Apocalipse 10.9-10 com Jeremias 15.16 e Ezequiel 2.8-3.3.

ANALISE A MENSAGEM (Qual é o significado dela?)

O que você acredita que Jesus estava tentando comunicar no capítulo 10, através de João, para as sete igrejas que receberão essa carta?

1. As duas testemunhas estarão vestidas com pano de saco. Quem mais estava vestido com pano de saco e com que propósito?

   • Gênesis 37.34 –

   • 2 Samuel 3.31 –

   • Ester 4.1 –

   • Isaías 37.1 –

   • Jonas 3.6 –

2. Por que as duas testemunhas em Apocalipse 11 estão usando pano de saco?

3. Quem é a besta que emerge do abismo? Por que você diz isso?

4. Qual é o nome da "grande cidade" (11.8)? Por que você diz isso?

5. Quantos terremotos ocorrem no capítulo 11?

6. Compare 11.16-18 com o Salmo 2. Quais são as semelhanças e as diferenças?

7. No capítulo 11, o "segundo ai" passou. Quando acabou o "primeiro ai"?

COMPARE ESSE CAPÍTULO COM O RESTANTE DAS ESCRITURAS
(Ela é apoiada por outras passagens em Apocalipse, nos outros livros de João, no Antigo/Novo Testamento?)

Ao interpretar qualquer passagem das Escrituras, é imperativo comparar como uma palavra ou frase específica é usada em outro lugar. Nós sempre começamos com o livro em que estamos; em seguida, passamos para outras obras do mesmo autor, caso haja alguma, e depois para o restante das Escrituras.

1. Onde mais os 1.260 dias são mencionados em Apocalipse e para que evento?

2. Onde mais 42 meses são mencionados em Apocalipse?

3. Compare o poder das duas testemunhas com o poder de Moisés (Ex 7) e de Elias (1Rs 17.1).

4. Quem mais subiu para o céu em uma nuvem e de que local (At 1.9-11)?

5. Comente sobre os vários terremotos em Apocalipse no que diz respeito a seu tamanho ou aos resultados deles.

- Apocalipse 6.12 –

- Apocalipse 8.5 –

- Apocalipse 11.13 –

- Apocalipse 11.19 –

- Apocalipse 16.18 –

EXECUTE (E daí? Como isso afeta minha vida?)

Princípio: Deus sempre tem uma testemunha.

Quando Jezabel estabeleceu uma recompensa pela morte de Elias, o profeta fugiu para o Monte Sinai. Quando Deus falou com ele, perguntou a Elias o que estava fazendo lá. O profeta respondeu que era o único fiel que restava no país. Eis aqui a resposta de Deus:

> Vai, volta ao teu caminho para o deserto de Damasco e, em chegando lá, unge a Hazael como rei sobre a Síria. A Jeú, filho de Ninsi, ungirás rei sobre Israel e também Eliseu, filho de Safate, de Abel-Meolá, ungirás profeta em teu lugar. Quem escapar à espada de Hazael, Jeú o matará; quem escapar à espada de Jeú, Eliseu o matará. *Também conservei em Israel sete mil, todos os joelhos que não se dobraram a Baal, e toda boca que o não beijou* (1Rs 19.15-18).

Você deve estar se perguntando: "O que isso tem a ver comigo?". A resposta é *tudo*! Você também é uma testemunha. Lembre-se da comissão que Jesus deu aos Seus discípulos antes de subir ao céu: "Não vos compete conhecer tempos ou épocas que o Pai reservou pela Sua exclusiva autoridade; mas recebereis poder, ao descer sobre vós o Espírito Santo, e sereis Minhas testemunhas tanto em Jerusalém como em toda a Judeia e Samaria e até aos confins da Terra" (At 1.7-8). Sabemos que aqueles que estão lendo este livro de estudos gostariam de ouvir sermões sobre os tempos finais, mas seus amigos e familiares não salvos provavelmente nunca ouvirão tais mensagens. Isso é, a não ser que você diga alguma coisa. Vocês são testemunhas do Senhor. Vocês também são embaixadores Dele:

> De sorte que somos embaixadores em nome de Cristo, como se Deus exortasse por nosso intermédio. Em nome

de Cristo, pois, rogamos que vos reconcilieis com Deus. Aquele que não conheceu pecado, Ele o fez pecado por nós; para que, nele, fôssemos feitos justiça de Deus (2Co 5.20-21).

O que é um embaixador? Aquele que representa seu país e o presidente, rei ou primeiro-ministro de seu país. Como cristãos, somos cidadãos do céu. Há um velho hino que diz: "Este mundo não é minha casa, eu estou apenas de passagem". Somos como os peregrinos que visitavam Jerusalém para participar de uma das festas. Eles costumavam passar pelo Vale de Baca, ou "lamento", mas iam de força em força à medida que bebiam dos mananciais (Sl 84.5-7).

O nosso destino não é Jerusalém, mas, sim, a Nova Jerusalém que é revelada em Apocalipse 21-22. A questão é: como você pode ser testemunha de um mundo que sabe tão pouco sobre o único Deus verdadeiro? Você pode responder a isso fazendo a si mesmo estas perguntas:

1. Como meu estilo de vida pode atrair outros para Jesus Cristo?

2. Se as pessoas me perguntassem como me tornar um cristão, eu saberia como levá-las a Cristo? Se sim, o que eu diria a elas?

3. Se alguém me acusasse de ser cristão, haveria provas suficientes para me condenar? Se sim, o que estaria incluso nessa evidência?

4. Como os meus filhos descreveriam a minha relação com Jesus Cristo?

5. Posso dizer a alguém por que acredito no que acredito? Se sim, o que eu diria?

6. A quem já tive o privilégio de levar a Cristo?

UMA MULHER, UM DRAGÃO E UMA CRIANÇA (TERCEIRO INTERLÚDIO)

APOCALIPSE 12

Enquanto continuamos neste estudo de Apocalipse, chegamos ao terceiro interlúdio e dois dos três sinais encontrados no livro do Apocalipse. Um sinal é muitas vezes um milagre ou um evento sobrenatural. As Escrituras nos dizem que enquanto os gregos buscavam sabedoria, os judeus buscavam por sinais. Eles, os judeus, ficariam muito felizes em ler este próximo capítulo, porque embora os sinais não fossem a cura de alguém ou a ressurreição dos mortos, eles eram definitivamente sobrenaturais. Se olhassem atentamente para esses sinais, também descobririam que estavam entre os principais personagens.

Leia Apocalipse 12.1-6

O primeiro sinal que João vê é uma mulher que está prestes a dar à luz a um filho. Mas essa não é uma mulher comum. Ela está vestida com o sol, a lua sob seus pés e uma coroa de doze estrelas em sua cabeça. E está sofrendo as dores do parto.

Imediatamente após João descrever a mulher, ele vê um segundo sinal. Dessa vez é um enorme dragão vermelho com sete cabeças, dez chifres e sete coroas – uma em cada cabeça. O dragão tem uma cauda longa que varre um terço das estrelas do céu. Ele joga essas estrelas para a Terra. Se isso já não for desconcertante o suficiente, o dragão ainda se coloca na frente da mulher que está para dar à luz. Ele se prepara para pegar e devorar a criança assim que ela nascer.

O trabalho de parto prossegue até que, finalmente, surge a criança. Pensando ser vitorioso, o dragão se move para consumir a criança, mas suas grandes mandíbulas acabam abocanhando o ar. O menino é imediatamente "arrebatado para Deus até ao Seu trono" (Ap 12.5). A palavra traduzida como "arrebatado" é *harpazo*, a mesma palavra grega que fala do arrebatamento em 1 Tessalonicenses 4.17. A criança que está destinada a governar todas as nações é salva, e a mulher foge para um lugar preparado por Deus no deserto por 1.260 dias.

CAPTURE A CENA (O que eu vejo?)

Muita coisa acontece nesse capítulo. Até agora, alguns dos símbolos que encontramos têm sido difíceis de interpretar; os significados dos símbolos nesse capítulo são bastante claros.

1. Quando na história um indivíduo parecido com um dragão tentou devorar um menino (Mateus 2.16-18)?

2. Como a Bíblia identifica o dragão (Ap 12.9; 20.1-3)?

3. Qual figura na profecia está destinada a governar as nações com um cetro de ferro (Sl 2.9; Ap 2.27; 19.15)?

4. Os comentaristas veem duas possibilidades para a mulher: (1) Maria, a mãe de Jesus; (2) Israel. Qual das duas possibilidades você acha que é a correta e por quê?

5. Entre os versículos 5 e 6 há um lapso de tempo. O "arrebatamento" da criança ocorreu 33 anos após seu nascimento. Quando é que ocorre a fuga de Israel para o deserto por três anos e meio?

Leia Apocalipse 12.7-17

Depois que esses dois sinais no céu passam pela cena, a guerra eclode no céu. Ela ocorre entre duas grandes forças: Miguel, o arcanjo, e Satanás. O diabo e os anjos que se rebelaram contra Deus são jogados para fora do céu e lançados para a Terra. Assim que o dragão é banido, ele está determinado a fazer guerra contra a descendência da mulher. Por que as nações do mundo se unem para odiar apenas uma outra nação – Israel? Estamos olhando para a resposta aqui. Aqueles que não seguem Deus, seguirão o diabo. E ele tem um ódio intenso contra o povo de Israel, porque eles são o povo de Deus.

ANALISE A MENSAGEM (Qual é o significado dela?)

Quando *observamos* uma passagem das Escrituras, estamos simplesmente fazendo declarações sobre o que vemos nela. Mas ao *analisar* o que vemos, estamos dizendo: "Esse é o significado dela". E quando fazemos isso, queremos fornecer as evidências para nossa convicção. Até agora, dissemos que o dragão é Satanás e a criança é Jesus Cristo. O que deixa duas possibilidades para o significado da mulher: Maria, a mãe de Jesus, ou Israel, a nação que deu à luz Jesus. Nossa posição é que a mulher é Israel, e vamos compartilhar a razão para acreditarmos nisso através de um exame das Escrituras.

1. Como você identificaria a "lua" sob os pés da mulher e a coroa de doze estrelas em sua cabeça (Ap 12.1)? Por que você chegou a essas conclusões?

2. Somos informados de que a mulher irá fugir para o deserto por 1.260 dias.

    a. Isso equivale a quantos meses?

    b. Isso equivale a quantos anos?

    c. O que mais acontece nesse mesmo período (Ap 11.1-4)?

3. Uma vez que a limpeza da casa celeste é terminada em Apocalipse 12.7-9, ecoa outra canção de louvor. Quais são as especificidades desse louvor (v. 10-11)?

4. Qual é o "ai" desse louvor (v. 12)?

5. Quando o dragão não pôde devorar a criança, ele foi atrás da mulher, enviando uma inundação. No entanto, Deus abriu a Terra para engolir as águas. O dragão estava enfurecido e determinado a fazer guerra contra o restante da descendência dela, que são os cristãos. É por isso que lemos sobre os santos da tribulação em Apocalipse 6 e 7. O que isso diz sobre as limitações que Deus impõe a Satanás?

6. Quanto tempo é "um tempo, tempos e metade de um tempo" (Ap 12.14)?

COMPARE ESSE CAPÍTULO COM O RESTANTE DAS ESCRITURAS
(Ela é apoiada por outras passagens em Apocalipse, nos outros livros de João, no Antigo/Novo Testamento?)

Apocalipse 12 é realmente um capítulo notável com laços profundos em muitas outras partes das Escrituras. De certa forma, é o plano de Deus para a salvação e para o povo de Israel, ocorrendo em forma de parábola visual.

1. Compare, contraste e afirme o significado do sonho de José em Gênesis 37.9-11 e do sinal de João em Apocalipse 12.1.

2. Compare e contraste os eventos do dragão nas seguintes passagens:

    a. Apocalipse 13.2 –

    b. Apocalipse 13.4 –

    c. Apocalipse 16.13 –

    d. Apocalipse 20.2 –

3. O que levou à queda de Satanás (Is 14.12-17)?

4. Como Satanás é descrito em Ezequiel 28.11-19?

5. Uma criança que governará as nações é encontrada nas seguintes passagens.

   a. De que tribo virá essa criança (Gn 49.10)?

   b. A quem Hebreus 1.8 está se referindo?

   c. A quem o Salmo 2.7-9 está se referindo?

   d. A quem Isaías 9.6-7 está se referindo?

   e. A quem Isaías 11.1-2 está se referindo?

   f. A quem Apocalipse 20.4-6 está se referindo?

6. Olhando novamente em Apocalipse 20.4-6 –, como chamamos esse período do reinado de Cristo?

EXECUTE (E daí? Como isso afeta minha vida?)

Princípio: O poder e o tempo de Satanás são limitados, mas Deus não tem limitações.

Não importa o quão poderoso o diabo pareça ser nesta Terra, ele tem tempo e poder limitados. Ele sabe que seu tempo é curto (Ap 12.12).

1. Como a Bíblia descreve as limitações de Satanás em termos de poder?

    a. Jó 1.6-12 –

    b. Jó 2.1-6 –

    c. Tiago 4.7 –

    d. 1 Pedro 5.9 –

    e. 1 João 4.4 –

2. Qual é o destino final de Satanás (Ap 20.10)?

3. Como Jesus descreveu o diabo (Jo 8.42-44)?

4. Confie no seguinte fato: Deus não tem limitações. Isso é comprovado por Seus nomes e Suas obras.

   a. Gênesis 14.19 – *El Elyon* ("O Deus Altíssimo"). Se Ele é o "Altíssimo" Deus, que outro ser poderia ser mais alto ou maior? Ele está realmente acima de todos os outros.

   b. Gênesis 1.1-3 – *Elohim* ("O Todo-Poderoso"). Como Criador, Ele tem poder sobre tudo o que Ele criou. Isso significa que não existe nada que possa controlá-Lo ou dominá-Lo.

   c. 1 Samuel 1.3 – *Jeová Sabbaoth* ("O Senhor dos Exércitos"). Em João 19.10-11, quando Jesus estava diante de Pilatos, que lhe disse que tinha o poder de crucificá-Lo ou libertá-Lo, Jesus tinha uma resposta para ele. Ele disse a Pilatos que seu poder era limitado e que ele só existia porque Deus lhe havia concedido.

5. Deus é Todo-Poderoso. À luz dessa verdade, há alguma mudança que você precisa fazer em sua compreensão de Deus, na percepção de seus problemas ou na vontade de entregar seus problemas ao Senhor? Se sim, o quê?

O SURGIMENTO DO ANTICRISTO

APOCALIPSE 13

Quem é o Anticristo? Ele está vivo hoje? Ele já está no cenário mundial, esperando para ser revelado? Tanto cristãos quanto incrédulos especulam sobre a identidade do Anticristo. No entanto, para aqueles que fazem parte da igreja, a identidade dele não deve despertar tanto interesse. O mesmo se aplica à marca da besta. Lembramos que quando foram disponibilizadas as vacinas para a Covid, muitas pessoas ficaram preocupadas com a possibilidade de as vacinas serem a marca da besta. Embora possa ter havido uma variedade de razões legítimas para não querer a vacina, a suposição de que ela poderia ser a marca da besta não era uma delas. Como é que sabemos? Porque se você tem Jesus Cristo como seu Salvador, você vai ser arrebatado antes que o Anticristo seja revelado e, portanto, não estará por perto para a distribuição da marca.

Enquanto estudamos o Apocalipse 13 e aprendemos sobre a besta e o falso profeta, não temos razão para sentir medo ou mal-estar. Quando vemos o número 666, ele não deve nos fazer tremer por dentro. Uma vez que todos os seguidores de Jesus serão arrebatados antes da tribulação, o Anticristo não virá atrás de nós. Estaremos no céu desfrutando do lugar que o Salvador preparou para nós e para onde nos levou.

Leia Apocalipse 13.1-4

CAPTURE A CENA (O que eu vejo?)

Embora o Anticristo seja um mero ser humano, ele terá autoridade sobre grande parte da população mundial através do poder de Satanás. E por causa da maneira como ele irá usar esse poder, é apropriado descrevê-lo como uma besta. Essa terminologia é dada a ele tanto no Antigo quanto no Novo Testamento. Daniel, em particular, usa o título besta.

Leia Daniel 7.2-8, 23-25

Essas bestas são indivíduos e reinos. O contexto permite que você diferencie de qual dos dois se fala em qualquer passagem das Escrituras. O "pequeno chifre" que surge do quarto reino é o Anticristo, que governará por um tempo, tempos e metade de um tempo, o que é o mesmo que 1.260 dias, 42 meses ou três anos e meio.

Leia Apocalipse 13.5-10

Esse indivíduo será implacável, exigente e rápido para matar qualquer um que não concorde com ele. No entanto, antes de chegar ao poder, ele será mais como uma pomba, um pacificador, amigo de todos. Vemos isso hoje no mundo da política. Aqueles que concorrem a um cargo fazem promessas que gostamos de ouvir. Mas alguns deles, uma vez que chegam ao poder, realizam sua própria agenda e empurram de lado ou destroem qualquer um que fique no seu caminho.

Durante o reinado do Anticristo, palavras significarão o que ele quiser que elas signifiquem. A adoração não será mais dirigida a Deus, mas a ele. O seu poder absoluto não vai "corrompê-lo absolutamente", porque ele já será corrupto desde o início. E, como aprendemos com esse capítulo de Apocalipse, ele não estará sozinho em seu reinado tirânico.

Leia Apocalipse 13.11-18

Essa é nossa introdução ao falso profeta. A responsabilidade dele é chamar a atenção para o Anticristo e levar as pessoas a adorar esse falso Messias. O falso profeta é um blasfemo e um operador de milagres e é ele quem exigirá que as pessoas tenham a marca da besta.

1. Pensando nos profetas do Antigo Testamento, quem escreveu sobre uma besta semelhante a que vemos no início do capítulo 13?

2. Que milagre o Anticristo fará que convencerá as pessoas de que ele é sobrenatural?

3. O falso profeta cria um ídolo do Anticristo e força as pessoas a cultuá-lo. O que será feito àqueles que se recusam a adorar a imagem da besta e onde nós os vimos anteriormente?

ANALISE A MENSAGEM (Qual é o significado dela?)

1. De quem o Anticristo recebe seu poder e sua autoridade?

2. Qual é o significado dos dez chifres?

3. Qual é o significado das sete cabeças?

4. Os nomes de quem estão escritos no Livro da Vida do Cordeiro?

COMPARE ESSE CAPÍTULO COM O RESTANTE DAS ESCRITURAS
(Ela é apoiada por outras passagens em Apocalipse, nos outros livros de João, no Antigo/Novo Testamento?)

1. Como a exigência do falso profeta para que a besta seja adorada se compara com a ordem do rei Nabucodonosor (Daniel 3.13-30)?

2. Como a marca da besta se compara com a marca de Deus na testa dos 144 mil evangelistas judeus (Ap 7)?

3. Contraste os resultados de ambas as marcas.

4. Que duas realidades a marca da besta representam?

5. Que realidade a marca de Deus sobre os 144 mil evangelistas judeus representa (Ap 7.1-8)?

6. Como a descrição quádrupla do Anticristo se compara com as quatro bestas em Daniel 7.1-8?

7. Compare a ferida fatal do Anticristo com a besta em Apocalipse 17.8.

8. Compare a besta que sai do mar e a prostituta que se acha sentada sobre muitas águas (Ap 17.1-2).

EXECUTE (E daí? Como isso afeta minha vida?)

Princípio: Sem uma visão de mundo bíblica, o engano é inevitável.

A tribulação será um período de grande engano. Grande parte dessa duplicidade virá do falso profeta. Ele fará milagres que chocarão o mundo, fazendo com que a maioria da população conclua que o falso profeta e o Anticristo são autênticos. Como resultado, a maior parte da humanidade vai adorar o Anticristo.

1. O que você pode fazer para evitar a tribulação e ajudar os outros a escapar dela?

2. Que evidências você tem de que você é um cristão e, portanto, seu nome está no Livro da Vida do Cordeiro?

3. Os nomes de quem definitivamente não estão no Livro da Vida do Cordeiro?

4. Como você pode se proteger dos enganos de Satanás?

O CORDEIRO, OS EVANGELISTAS, ALGUNS ANJOS E UMA COLHEITA

APOCALIPSE 14

Alguns capítulos de Apocalipse têm um só foco em todo o capítulo. O capítulo 14, contudo, abrange múltiplos temas, tornando-o um apanhado geral de tópicos. Vamos olhar para eles um de cada vez.

CAPTURE A CENA (O que eu vejo?)

Leia Apocalipse 14.1-5

Eis aqui um belo retrato de um evento futuro. O Cordeiro de Deus está no Monte Sião, acompanhado pelos evangelistas judeus que foram selados. A questão que surge aqui é se esta é uma cena celestial ou terrena. Os 144 mil estão com Jesus no Monte Sião que podemos ver hoje em Israel, ou existe um Monte Sião celestial? Acreditamos que esse seja é o Monte Sião celestial, que é mencionado em hebreus:

Mas tendes chegado ao Monte Sião e à cidade do Deus vivo, a Jerusalém celestial, e a incontáveis hostes de anjos, e à universal assembleia e igreja dos primogênitos arrolados nos céus, e a Deus, o Juiz de todos, e aos espíritos dos justos aperfeiçoados, e a Jesus, o Mediador da nova aliança, e ao sangue da aspersão que fala coisas superiores ao que fala o próprio Abel (Hb 12.22-24).

Na verdade, o nome Monte Sião é visto apenas duas vezes no Novo Testamento, e ambas as vezes, de acordo com o contexto, referem-se à Nova Jerusalém. Os 144 mil em Apocalipse 14 serviram fielmente ao Cordeiro e agora estão com seu Salvador na cidade celestial.

Leia Apocalipse 14.6-13

Três anjos agora voam em sucessão. O primeiro anjo pede a adoração ao Criador. O segundo anuncia a queda da Babilônia. O terceiro mensageiro anuncia um aviso àqueles que estão tentados a colocar a marca da besta. Depois de ouvir as palavras desse anjo, resta pouca dúvida de que aceitar a marca não é uma boa escolha. João então faz um comentário, que provoca uma resposta de uma voz no céu e do Espírito Santo. As palavras dessa voz celestial são as mais funestas possíveis: "Bem-aventurados os mortos que morrem no Senhor de agora em diante" (v. 13).

Leia Apocalipse 14.14-20

Aqui vemos duas colheitas. A primeira vem do próprio Cristo, que faz a colheita na Terra. A segunda é a de um anjo, que reúne as uvas da ira de Deus. Essa é a batalha que começa quando as tropas deixam o Vale de Jezreel, que chamamos de Vale do Armagedom. Elas estão marchando para destruir Jerusalém, mas a luta começa antes de chegarem. É por isso que há tanto derramamento de sangue fora dos muros da cidade. A batalha está cheia de horrível carnificina.

1. Que sete qualidades aprendemos sobre os 144 mil?

   a)

   b)

   c)

   d)

   e)

   f)

2. O Monte Sião pertencia a qual tribo (Sl 78.68)?

3. Que características únicas serão vistas no Monte Sião durante o reinado milenar de Cristo (Is 4.5-6)?

4. Como essas características se comparam com o que foi visto durante o tempo de Moisés e do tabernáculo (Nm 9.15)?

5. Durante o milênio, as pessoas levarão presentes ao Monte Sião para Aquele cujo nome é _____ (Is 18.7).

6. De que local Cristo reinará durante o Milênio (Is 24.23)?

7. Como ficou o Monte Sião após a destruição pela Babilônia (Lm 5.18)?

ANALISE A MENSAGEM (Qual é o significado dela?)

1. Você concorda ou discorda que esse capítulo ocorre no céu?

2. Que evidências você fornece para sua resposta?

3. Como você descreveria o Evangelho?

4. Como o apóstolo Paulo descreve o Evangelho em 1 Coríntios 15.3-8?

5. Como ele descreve o Evangelho em Romanos 1.16?

6. Como ele identifica o Evangelho em Efésios 6.15?

7. O que João diz sobre o Evangelho em Apocalipse 14.6?

8. Com a ajuda das passagens que acabou de ler, descreva o Evangelho novamente, dessa vez de forma mais abrangente.

COMPARE ESSE CAPÍTULO COM O RESTANTE DAS ESCRITURAS
(Ela é apoiada por outras passagens em Apocalipse, nos outros livros de João, no Antigo/ Novo Testamento?)

1. Jesus é apresentado como um Cordeiro no livro do Apocalipse. O que mais o Apocalipse diz sobre Ele, de acordo com as seguintes passagens?

a. Apocalipse 5.6 –

b. Apocalipse 6.1 –

c. Apocalipse 7.9-12 –

d. Apocalipse 7.17 –

e. Apocalipse 22.1 –

2. Em Apocalipse 14.2, João descreve a voz do céu como uma "voz de muitas águas". A quem essa mesma frase descreve nas seguintes passagens?

a. Apocalipse 1.15 –

b. Apocalipse 19.6 –

3. De que maneiras devemos responder a Deus que nos deu o "Evangelho eterno"? (Ap 14.6-7)?

4. A afirmação de que a Babilônia caiu é encontrada em três lugares na Bíblia. Como eles diferem um do outro?

   a. Isaías 21.9 –

   b. Apocalipse 14.8 –

   c. Apocalipse 18.2 –

5. Por que você acredita que a palavra "caiu" se repete duas vezes em cada um dos últimos três exemplos (Dt 17.6; Mt 18.16; 1Tm 5.19; Hb 10.28)?

6. Qual motivo é dado para a queda da Babilônia (Ap 14.8)?

7. Por que você acredita que a Bíblia fala da ira de Deus em termos de vinho e de uma prensa (Ap 14.8, 10, 19; 16.19; 18.3; 19.15)?

8. O destino daqueles que recebem a marca da besta é fogo e enxofre (Ap 14.10). Quem mais experimentará esse tormento (Ap 20.10; 21.8)?

9. Como o destino deles contrasta com aqueles que morrem no Senhor (Ap 14.13)?

EXECUTE (E daí? Como isso afeta minha vida?)

Princípio: Escolha vida ou morte.

Quando Moisés completou sua missão de tirar os israelitas do Egito e estava prestes a entregar o restante da missão a Josué, ele disse estas palavras: "Os céus e a Terra tomo, hoje, por testemunhas contra ti, que te propus a vida e a morte, a bênção e a maldição; escolhe, pois, a vida, para que vivas, tu e a tua descendência" (Dt 30.19).

Em Apocalipse 14, vemos um cenário semelhante. O mundo está se aproximando rapidamente do Armagedom. As pessoas na Terra fizeram suas escolhas, e as consequências estão prestes a ser experimentadas. Quando a batalha começar, o sangue fluirá desde a parte norte de Israel até Jerusalém. Eis aqui a última chance da humanidade se voltar para Deus enquanto o Evangelho eterno é proclamado. Mas a maioria irá rejeitá-lo, e já está prestes a chegar o tempo de sofrerem as consequências. Uns poucos irão escolher a vida, enquanto a maioria da humanidade escolherá a morte.

Ao completar sua leitura deste capítulo, você tem a certeza de que no momento em que sua alma deixar seu corpo, você estará na presença do Senhor Jesus Cristo? Se não tem plena certeza disso, eu encorajo você neste momento a escolher a vida. O julgamento que Deus prometeu trazer à Terra é muito real. Isso vai acontecer. Mas você ainda tem tempo para escapar desse julgamento. Uma vez que recebe a Jesus Cristo em sua vida, não há mais condenação para você (Rm 8.1). A ira de Deus foi satisfeita na cruz, então você não tem que experimentá-la. Mas se decidir rejeitar a vida, você permanecerá sob a ira de Deus. Como o próprio Jesus disse: "Quem Nele crê não é julgado; o que não crê já está julgado, porquanto não crê no nome do unigênito Filho de Deus...

> Quem crê no Filho tem a vida eterna; o que, todavia, se mantém rebelde contra o Filho não verá a vida, mas sobre ele permanece a ira de Deus" (Jo 3.18, 36).

A CANÇÃO DE MOISÉS E DO CORDEIRO

APOCALIPSE 15

Uma das qualidades que amamos no livro do Apocalipse é que há muito canto e louvor por toda parte. É verdade que há julgamentos legitimamente derramados de um canto a outro no mundo, mas embora haja escuridão na Terra, a luz inunda o céu. Xingamento e blasfêmia são vomitados das bocas dos ímpios, enquanto louvor, culto e adoração sobem das bocas dos mártires, dos anjos, dos quatro seres viventes e dos vinte e quatro anciãos.

Leia Apocalipse 15.1-8

Lemos sobre um "novo cântico" no último capítulo, mas agora somos apresentados a uma canção que parece ser um medley com uma fonte que remonta antes de Israel se tornar uma nação e uma outra que remonta antes do início do tempo. São as canções de Moisés e do Cordeiro, e ambas fazem parte da preparação para a dose final de ira que logo devastará a Terra.

CAPTURE A CENA (O que eu vejo?)

Ao chegar a esse capítulo, peça ao Espírito Santo que abra seus olhos, sua mente e seu coração para o que Ele diz. Lembre-se: a oração é o primeiro passo essencial sempre que você estuda as Escrituras. Vamos voltar às perguntas que pertencem a essa parte da descoberta bíblica.

QUEM?
O QUE?
POR QUE?
ONDE?
QUANDO?

1. Quem são os personagens mencionados nesse capítulo?

2. Que evento ou eventos estão acontecendo neste momento?

3. Qual é o significado da combinação entre Moisés e o Cordeiro? Quando você pensa sobre as ações de cada um, o que eles têm em comum?

4. Qual era o propósito da canção de Moisés (Dt 31.19; 32.44-47)?

5. Qual é o propósito da canção em Apocalipse 15.3-4?

O fato desses cristãos estarem no mar de vidro nos diz que eles são mártires no céu cantando duas canções: (1) a canção de Moisés e (2) a canção do Cordeiro de Deus. Você não adoraria estar lá e ouvi-los cantando de coração o que eles realmente acreditam? Ninguém está fazendo nada só por fazer. Todo mundo tem uma história para contar de como foi morto pelo Anticristo. Eles poderiam falar de sua tortura em masmorras, de decapitações ao ar livre e de fome, porque não podiam comprar ou vender. Mas em vez de se concentrar no passado, estão louvando a Deus no presente. Que grande lição para nós em nossas caminhadas diárias.

ANALISE A MENSAGEM (Qual é o significado dela?)

Estamos agora olhando para duas passagens das Escrituras – uma no Antigo e outra no Novo Testamento. Elas foram escritas com mais de 1.500 anos de diferença e ainda têm algumas verdades específicas em comum. Para você entender melhor o Apocalipse 15, precisa saber algo sobre Deuteronômio 32. Você acabou de "capturar a cena" e fez uma série de observações. Agora você precisa determinar como essas observações se conectam umas com as outras.

O que faria se soubesse que teria apenas algumas horas de vida? Algumas pessoas entrariam em pânico. Outras poderiam tentar fazer um acordo com Deus se ao menos Ele permitisse que elas continuassem a respirar. Mas como Moisés enfrentou suas últimas horas? Ele escreveu uma música, depois cantou para o seu povo. E não era sobre ele. Não se tratava do testamento dele. Era uma mensagem de Deus para Israel. Deus queria que Moisés compartilhasse a canção com o povo para que pudessem ensiná-la aos seus filhos e netos.

O que Moisés fez pelo seu povo é o que muitos compositores fazem por nós como o povo de Deus. Hoje temos hinos, canções de adoração, coros e outras formas musicais de aprender sobre Deus, Seu caráter, Seus atributos e as muitas bênçãos que Ele derramou em nossas vidas. A canção de Moisés foi uma ferramenta de ensino que Deus usou para lembrar ao povo de Israel quem eles eram e quem Ele é. Não é uma canção muito elogiosa sobre o povo, pois eles eram propensos a se desviar e a abandonar o Deus que amam. Todavia Deus usou a canção para lembrá-los de que, apesar de sua infidelidade, Ele sempre permaneceria fiel. Ele estava pronto a perdoar quando eles estivessem prontos a voltar para Ele.

1. Como você resumiria a canção de Moisés em Deuteronômio 32.1-43?

2. Como você resumiria a canção do Cordeiro (Ap 15.3-4)?

3. Que palavras ou frases as duas canções têm em comum?

4. Moisés diz ao povo: "Lembra-te dos dias da antiguidade" (Dt 32.7) e depois fala em detalhes sobre a fidelidade de Deus a eles. O que seus filhos ou netos precisam saber sobre a fidelidade de Deus a você ao longo dos anos?

Embora Deus tenha confundido as pessoas dando a elas diferentes línguas em Babel, Ele permitiu que uma linguagem universal unisse pessoas de todo o mundo: a música. Eu, Rick, estive em cultos na Costa Rica, Hong Kong, Filipinas, Polônia, República Tcheca, Eslováquia, Hungria e Israel. E embora eu não falasse as línguas nativas desses países, nossos tempos de adoração por meio de canções uniram nossos corações e comunicaram nosso amor pelo Senhor.

Cresci em uma casa onde minha mãe cantava e tocava piano. Além disso, ela e meu avô cantavam periodicamente duetos no departamento de escola dominical adulto. A minha mãe, a minha tia e os meus avós tinham um programa de rádio semanal por uma hora na WGAL, a estação local em Lancaster, Pensilvânia. Quando eu era pastor, costumava tocar meu violão e cantar nas noites de quarta-feira, cantar para as crianças nas noites de domingo e conduzir a congregação em uma adoração comunitária antes ou depois de eu pregar. E até hoje, mesmo aposentado, embora eu não cante publicamente, comprei algumas flautas indígenas norte-americanas que toco quando dou uma pausa nos estudos, na escrita e no ensino. Então a música sempre foi uma das formas de Deus falar à minha alma.

Talvez seja devido à minha idade ou por recentemente quase ter perdido a minha esposa e o meu filho mais novo, Steve, mas Deus amoleceu muito meu coração e aguçou meu apetite por "ir para casa" um dia. Mas eu também quero permanecer por mais alguns anos para realizar tudo o que puder para o reino e a glória Dele. Uma das maneiras como eu e minha esposa terminamos nossas noites é ir ao Facebook ou ao YouTube e digitar o nome de um grupo de música cristã ou de um indivíduo favorito e ouvir algumas músicas. Em seguida vamos para a cama. Muitas vezes, Linda vê a minha reação enquanto lágrimas descem dos meus olhos ou eu a pego fechando os olhos e levantando as mãos para o Senhor em louvor.

A música não aconteceu por acaso. Ela não é um dos resultados de seres humanos terem passado por algum processo biológico e evolutivo, como alguns cientistas ridiculamente afirmam. É um presente de Deus para que possamos nos comunicar com Ele e uns com os outros. Através de Moisés, Deus lhes deu uma canção de lembrança. Eles deveriam passá-la para seus filhos e netos, que não teriam experimentado os séculos de escravidão no Egito ou 40 anos vagando em um deserto infestado por cobras ou cruzando o Mar Vermelho e o Rio Jordão. Eles nunca teriam visto o tabernáculo ou a coluna de fogo à noite e a coluna de nuvem durante o dia – usados por Deus para guiar Seu povo. Como eles saberiam sobre todas essas coisas? Música!

A canção de Moisés em Deuteronômio 32 é um testemunho contra os israelitas quando se preparavam para entrar na Terra Prometida. O ministério de Moisés estava agora concluído. Ele tirou o povo do Egito e aturou sua rebelião por quarenta anos. Devido à própria desobediência de Moisés a Deus, o grande profeta não poderia entrar na Terra da Promessa, então após essa canção ele os deixou.

A canção começa com um foco na grandeza de Deus, na verdade, na justiça e nas obras fidedignas Dele em favor de Seu povo. Deus fez todo o possível para que Israel respondesse com fidelidade a Ele. Contudo, sabia que a boa vida deles na Terra Prometida faria com que se sentissem autossuficientes. Eles logo iriam atrás de outros deuses que não haviam conhecido. Então, Moisés se colocava diante do povo como um promotor, contrastando a fidelidade de Deus com a infidelidade deles.

É perto do início da canção de Moisés que a semelhança com a canção do Cordeiro é maior:

> Eis a Rocha! *Suas obras* são perfeitas,
> porque todos os *Seus caminhos* são juízo;
> Deus é *fidelidade*, e não há nele injustiça;
> Ele é *justo e reto* (Dt 32.4).

Compare isso com a canção do Cordeiro em Apocalipse 15. Nessas duas canções você irá encontrar *redenção* – ou seja, libertar um prisioneiro ou um escravo. Essa é a conexão que estávamos fazendo com as perguntas anteriores. As canções podem ter escritores diferentes e possivelmente uma melodia diferente, mas carregam o mesmo tema. Moisés libertou o povo de Israel da escravidão egípcia enquanto o Cordeiro de Deus nos libertou da pena do pecado, do poder dele e, por fim, da própria presença do pecado.

COMPARE ESSE CAPÍTULO COM O RESTANTE DAS ESCRITURAS
(Ela é apoiada por outras passagens em Apocalipse, nos outros livros de João, no Antigo/Novo Testamento?)

1. Nesse capítulo lemos sobre "sete anjos". No entanto, essa frase não se limita a ser usada em Apocalipse 15. De que forma a história continua com esses "sete anjos" nas passagens seguintes?

    a. Apocalipse 16.1 –

    b. Apocalipse 17.1 –

    c. Apocalipse 21.9 –

2. Em Apocalipse 15.2, lemos sobre um "mar de vidro" que João viu. Como isso difere do que ele viu em Apocalipse 4.6?

3. Que outros eventos ocorrem ao redor do templo no céu (Ap 11.19; 14.17)?

4. Três capítulos na Bíblia também se referem a um templo e à glória de Deus. O que vemos nestas passagens?

    a. 2 Crônicas 7.1 –

    b. Ezequiel 43.4-5 –

    c. Ezequiel 44.4 –

5. Quem mais nas Escrituras se refere a Jesus como um rei majestoso (1Tm 1.17)?

6. João nos informa que as nações virão a Jerusalém para adorar o Senhor (Ap 15.4). Como os seguintes profetas expressam a mesma verdade?

    a. O profeta Isaías (Is 60.3)?

    b. O profeta Zacarias (Zc 8.22)?

c. O profeta Ageu (Ag 2.7-8)?

d. O profeta Miqueias (Mq 4.2)?

EXECUTE (E daí? Como isso afeta minha vida?)

Princípio: Grandes verdades do passado podem ser comunicadas no presente por meio de canção.

Nas décadas de 1950 e 1960, na tentativa de encontrar maneiras de comunicar história americana para um grupo de estudantes, um homem chamado Jimmy Driftwood escreveu algumas canções e as cantou para sua classe. Essas canções pegaram rapidamente e, por fim, um cantor chamado Johnny Horton concordou em popularizar uma das músicas. O resultado foi "The Battle of New Orleans", que atingiu o primeiro lugar na Billboard Hot 100. Horton viu que ele poderia prosseguir com esse tipo de música de "ensino de história" e conseguiu mais sucessos com "Sink the Bismarck", "North to Alaska" e outras. Mas ele certamente não foi o inventor desse gênero musical. Moisés já o utilizava a mais de 3.500 anos.

7. Qual é um de seus hinos favoritos e por quê?

8. Qual é uma de suas músicas favoritas de adoração e por quê?

O DERRAMAMENTO DAS TAÇAS

APOCALIPSE 16

No último capítulo, fomos apresentados aos sete anjos que serão responsáveis por lançar as sete últimas pragas da tribulação. Essas sete pragas cumprirão o derramamento da ira de Deus. Uma vez que a sétima praga é enviada para a Terra, lemos aquelas benditas palavras: "Feito está!" (Ap 16.17).

Essa não é a primeira vez que a ira de Deus será satisfeita. Numerosas vezes no Antigo Testamento, Deus tratou do pecado com justiça até que toda a medida do julgamento estivesse completa. Então houve o ato final de satisfação da ira quando o Filho de Deus, Jesus, Aquele que não conheceu nenhum pecado, tornou-se pecado para nós na cruz. Isso abriu a porta para nos tornarmos justos diante de Deus. Embora milhões de pessoas tenham vindo a Cristo nos últimos 2.100 anos, a ira de Deus permanece hoje sobre todos os incrédulos (Jo 3.18) e culminará na segunda vinda de Cristo.

Leia Apocalipse 16.1-21

CAPTURE A CENA (O que eu vejo?)

Esses sete julgamentos trazem a ira de Deus à sua plenitude. Algumas pessoas podem pensar que esse é o "capítulo do Armagedom" porque é o único lugar onde a palavra *Armagedom* é usada. Mas assim como Apocalipse 13 é mais do que apenas o capítulo do número 666, esse capítulo é muito mais do que apenas a preparação para uma grande batalha. Os julgamentos das taças serão catastróficos e recairão sobre toda a Terra, mas serão direcionados àqueles que têm a marca da besta e adoram a imagem dela. Assim como os 144 mil evangelistas terão a marca de Deus para protegê-los, outros que não receberem a marca da besta durante esse tempo serão poupados pelo menos de uma parte desse julgamento.

1. Quem é o alvo específico do primeiro julgamento?

2. Que porcentagem da humanidade se arrependeu depois que o quarto anjo derramou sua taça?

3. Que cidade famosa é mais uma vez mencionada nesse capítulo?

4. Contraste a frase "Feito está!" (v. 17) com a de Apocalipse 21.6.

ANALISE A MENSAGEM (Qual é o significado dela?)

Poderíamos responder à pergunta "Qual é o significado dela?" com uma palavra: *aflição*! Para aqueles que continuam a se rebelar contra Deus e a adorar o Anticristo, a aflição, o sofrimento e a perda continuarão até o fim.

1. Quem é o alvo dessa série de julgamentos?

2. Por que você acha que a adoração tão frequentemente está misturada com os julgamentos (16.5-7)?

3. Compare as respostas daqueles que têm a marca da besta (16.9, 21) com as respostas dadas pelo faraó do Egito nos dias de Moisés (Ex 7.13, 22; 8.32; 9.7, 33-35; 14.5-6).

4. No gráfico a seguir, nós colocamos informações sobre os Julgamentos dos selos e das trombetas. Agora é sua vez de preencher com detalhes sobre os julgamentos das taças. Ao fazer essa seção, observe a progressão e a intensidade dos julgamentos.

COMPARE ESSE CAPÍTULO COM O RESTANTE DAS ESCRITURAS

JULGAMENTOS DE DEUS	OS JULGAMENTOS DO SELOS	OS JULGAMENTOS DAS TROMBETAS	OS JULGAMENTOS DAS TAÇAS
LOCALIZAÇÃO	APOCALIPSE 6	APOCALIPSE 8-9	APOCALIPSE 16
1º	Conquista do mundo	Um terço da Terra e das árvores queimadas, além de toda grama verde	(Preencha com o julgamento das sete taças)
2º	Remoção da paz	Um terço do mar se torna sangue; morre um terço dos seres vivos; um terço de todos os navios são destruídos	
3º	Fome	Uma estrela em chamas cai na Terra, um terço da água potável fica amarga; muitas pessoas morrem	
4º	Um quarto da população mundial é morta	Um terço do sol, da lua e das estrelas escurecem; um terço do dia e da noite escurecem	
5º	Martírio	O sol e o céu são escurecidos por gafanhotos do abismo, que causam sofrimento às pessoas	
6º	Um grande terremoto e eventos cosmológicos	Um terço da população mundial é morta; Rio Eufrates	
7º	O julgamento do sétimo selo é o julgamento da primeira trombeta	O julgamento da sétima trombeta é o julgamento da primeira taça	

(Ela é apoiada por outras passagens em Apocalipse, nos outros livros de João, no Antigo/Novo Testamento?)

Um ponto importante a ser notado no gráfico é que, no passado, os julgamentos de Deus eram muitas vezes locais. Mas como a rebelião da humanidade durante a tribulação será universal, muitos dos julgamentos das taças cobrem toda a Terra. Algumas pessoas podem correr para igrejas abandonadas, mas a verdadeira igreja terá desaparecido no ar. Outros correrão para os bares locais, mas aqueles que servem as bebidas estarão correndo para se proteger. Não haverá lugar para pedir ajuda. Mesmo as maiores forças militares do mundo estarão indefesas contra esses julgamentos. Dinheiro, popularidade e altos cargos na vida não serão nada contra os julgamentos que descem sobre a Terra e seus habitantes.

Porque Deus é justo, Ele trará justiça à população da Terra. Porque Ele é santo, Ele tem de lidar com o pecado. O caráter Dele exige que Ele puna o pecado derramando Sua ira sobre os impenitentes que continuam a praticar o pecado.

1. Pedras de granizo pesando cerca de 45 quilos cada cairão do céu (v. 21). Compare esse evento com o que você lê nas seguintes passagens:

   a. Josué 10.9-11 –

   b. Ezequiel 38.22 –

2. A voz que João ouviu para esses julgamentos veio do templo. Qual é a fonte das outras vozes que João ouviu?

   a. Apocalipse 9.13 –

b. Apocalipse 10.4 –

c. Apocalipse 11.12 –

d. Apocalipse 14.2 –

e. Apocalipse 14.13 –

f. Apocalipse 18.4 –

g. Apocalipse 21.3 –

3. O rio Eufrates é mencionado 35 vezes na Bíblia, e duas dessas menções estão em Apocalipse. O que foi solto do rio Eufrates em Apocalipse 9.14-15?

4. Em Apocalipse 16.15, Jesus afirma que Ele virá como um ladrão.

   a. Quem será pego desprevenido?

b. Quem não será pego de surpresa (1Ts 5.2,4)?

EXECUTE (E daí? Como isso afeta minha vida?)

Princípio: As escolhas que fazemos hoje têm consequências para o futuro.

Quando observamos os vários sinais que a Bíblia nos dá sobre a segunda vinda de Cristo, também ficamos cientes de que o arrebatamento da igreja precede o tempo da ira de Deus. Vivemos em um tempo em que o arrebatamento pode acontecer a qualquer momento. O Irã, a Rússia e a Turquia estão cada vez mais alinhados como uma coalizão, e essa coalizão incluirá a Líbia e o Sudão. O profeta Ezequiel falou sobre esse alinhamento para a Batalha de Gogue e Magogue (Ez 38-39).

Quando começam a aparecer árvores iluminadas, decoradas com ornamentos e pirulitos de bengalas; e a televisão fica cheia de anúncios de brinquedos e guloseimas, é evidência suficiente para que você saiba que o Dia de Ação de Graças está chegando. Da mesma forma, quando você vê os sinais para a segunda vinda de Cristo, você sabe que o arrebatamento está próximo. Isso significa que é bem provável que esteja próximo o dia em que você será levado para o céu por nosso Senhor. Mas também significa que está se aproximando o tempo em que muitos de seus amigos e possivelmente familiares serão deixados para trás.

Eu, Rick, tinha 19 anos quando ouvi pela primeira vez sobre o arrebatamento da igreja. Eu havia acabado de completar meu primeiro ano de faculdade em uma escola secular, e naquele outono, iria frequentar uma faculdade bíblica. Como eu conhecia muito pouco sobre a Bíblia, frequentava uma escola bíblica de férias em uma igreja local para estudantes do ensino médio. Foi durante essas duas semanas que fui exposto ao conceito de ser "arrebatado" para encontrar o Senhor no ar, enquanto outros eram deixados para trás.

A primeira pergunta que me veio à mente foi: *Será que a Linda [minha namorada na época e agora minha esposa] é realmente uma cristã? Ela também será levada comigo para encontrar o Senhor no ar, ou ela será deixada para trás?* Essa verdade me motivou a começar a fazer perguntas sobre o relacionamento dela com Cristo. Ela disse que era cristã, mas também era muito defensiva. Os meus esforços contínuos para discutirmos o assunto resultaram em nosso rompimento em várias ocasiões.

Meses depois, contudo, chegou um dia em que ela me disse que havia recebido Jesus Cristo em sua vida, depois que um grupo de jovens em sua igreja compartilhou seus testemunhos. Ela percebeu que ainda não havia convidado Cristo para a vida dela de forma pessoal. Às duas da madrugada seguinte, foi acordada por uma tempestade e pediu a Cristo para perdoar seus pecados e aceitá-la em Sua família.

Essa história é um lembrete de que o ensino da profecia não deve parar na fase da informação. A profecia deve nos motivar a estar ansiosos por compartilhar as boas notícias sobre Cristo com aqueles que não O conhecem como seu Salvador. Você não pode tirar um momento agora para perguntar ao Senhor o que Ele gostaria que você fizesse por aqueles que você conhece que precisam ouvir sobre o amor de Deus por eles?

1. O que você pode fazer para evitar que seus amigos e familiares não salvos experimentem os julgamentos descritos em Apocalipse?

2. Você acredita que os eventos mencionados em Apocalipse podem acontecer em sua vida? Por que ou por que não?

3. Você está convencido de que os eventos em Apocalipse 16 acontecerão? Por que ou por que não?

4. O que você pode fazer para se tornar mais disponível como embaixador de Cristo a compartilhar a boa notícia com outros, incluindo seus filhos, netos, pais, amigos etc.?

5. Se você está em um estudo bíblico em grupo, compartilhem uns com os outros os possíveis passos que cada um de vocês poderia tomar para compartilhar Cristo com aqueles que precisam ouvir as boas-novas.

DEUS ERRADICA A RELIGIÃO

APOCALIPSE 17

No início, você pode pensar que o título deste capítulo é uma contradição. Por que o Deus do universo erradicaria a religião? Falar de Deus não é falar de religião? Absolutamente não. A palavra "religião", de acordo com o Dicionário *Merriam-Webster*, significa "um sistema organizado de crenças, cerimônias e regras usadas para adorar um deus ou um grupo de deuses".

Há milhares de religiões no mundo atualmente que impedem a humanidade de conhecer e experimentar uma relação pessoal com Jesus Cristo. A religião descrita em Apocalipse 17 blasfema o único Deus verdadeiro e Seu filho Jesus Cristo. A religião é um dos esquemas do diabo para manter os homens longe do caminho, da verdade e da vida. A religião não liberta os homens. Em vez disso, escraviza-os a um sistema que os faz pensar que possuem uma conexão com a verdade, quando, na realidade, eles se dedicam a uma mentira.

O sistema religioso em vigor durante os eventos de Apocalipse 17 é apresentado como uma meretriz, uma prostituta que se entrega às riquezas e à popularidade com o mundo, ao mesmo tempo em que mata os verdadeiros cristãos. Ela é empoderada pelos governantes do mundo até que eles finalmente decidam se livrar dela.

Leia Apocalipse 17.1-6

CAPTURE A CENA (O que eu vejo?)

1. Como o Salmo 144.7 descreve as "muitas águas"? Como Apocalipse 17.15 descreve as "muitas águas" mencionadas em Apocalipse 17:1?

2. Se a mulher está sentada em uma besta escarlate, qual dos dois está no controle (Ap 17.3)?

3. Como esse capítulo define as sete cabeças e os dez chifres (Ap 17.9-12)?

4. Qual é o propósito dos dez reis (Ap 17.13)?

5. Compare essa besta escarlate com a besta que Daniel viu em Daniel 7.7-8; 23-25 e a besta que João viu em Apocalipse 13.1,10.

6. Explique Apocalipse 17.11 à luz de Apocalipse 13.3.

7. Tanto uma história quanto uma profecia aparecem em Apocalipse 17.9-11. Qual é a história? Qual é a profecia?

Tanto esse capítulo quanto o próximo falam da destruição da Babilônia. Às vezes, esse termo é usado mais em um sentido figurado, enquanto em outras ocasiões se refere a uma cidade literal ou ao império da Babilônia. Na comunidade cristã evangélica, há quem acredite que Apocalipse 17-18 esteja falando sobre a cidade da Babilônia sendo reconstruída e depois destruída nesse momento. Outros interpretam esses dois capítulos de forma mais figurada e dizem que o capítulo 17 se refere a um sistema religioso que governa o mundo e seus governantes. Essas intérpretes dizem que o próximo capítulo se refere a um sistema político/econômico que por fim será destruído.

Nós adotamos a segunda opção – a figurada. Talvez você levante a questão: "Eu pensei que você interpretasse a profecia em um sentido literal". Você está certo. Mas, o parâmetro é: "Interprete literalmente, a menos que seja óbvio que uma passagem deva ser interpretada simbolicamente". Como sabemos que essa deve ser interpretada simbolicamente? Um anjo nos disse em Apocalipse 17.7 – ou melhor, ele disse a João e nós escutamos.

A besta escarlate representa o governo, enquanto a meretriz representa a religião. No início desse período, a mulher domina a besta escarlate. A religião controla as decisões políticas e a direção dos governos ao redor do mundo. No entanto, como você pode ler ao longo desse capítulo, há uma tremenda mudança no poder. A religião é destruída e o governo e o dinheiro se tornam os agentes do poder. Isso ocorre quando o chefe do governo, o Anticristo, decide que ele quer ser o objeto de adoração na nova religião mundial.

Alguns comentaristas interpretam as sete colinas como as sete colinas de Roma. Eles veem essa mulher como o catolicismo romano. Apontam para o fato de a mulher estar vestida de roxo e escarlate e adornada com ouro, pedras preciosas e pérolas. Esses sinais de riqueza e trajes são atribuídos a Roma. Embora isso seja possível, é preciso muita especulação para chegar a qualquer tipo de afirmação definitiva.

O que sabemos é que essa é uma religião que quer erradicar os verdadeiros cristãos ao longo da tribulação. Ela está "embriagada com o sangue dos santos" (17.6). Isso nos lembra da época de Daniel. O rei Nabucodonosor fez uma estátua de si mesmo para ser adorada. Ela tinha 27 metros de altura e cerca de 3 metros de largura. Saiu um decreto segundo o qual, assim que as pessoas ouvissem o shofar, elas deveriam se curvar e adorar a imagem. Mas os três companheiros de Daniel – Sadraque, Mesaque e Abede-Nego – se recusaram a fazê-lo e foram jogados em uma fornalha de fogo ardente. Quando o rei Nabucodonosor olhou para as chamas, viu quatro homens, e não três. O rei respondeu dizendo: "Eu, porém, vejo quatro homens soltos, que andam passeando dentro do fogo, sem nenhum dano; e o aspecto do quarto é semelhante a um filho dos deuses" (Dn 3.25). No décimo sétimo capítulo de Apocalipse, os santos da tribulação estarão em sua própria fornalha ardente, pois eles serão perseguidos até a morte por sua fé em Cristo.

A ideia de chamar essa falsa religião de meretriz vem do Antigo Testamento, no qual, de vez em quando, Deus se referia à adoração de Israel a outros deuses como uma forma de prostituição espiritual.

Leia Ezequiel 16.35-43

Essa é uma comparação dura, mas infelizmente apropriada. Quando saímos da pureza de nossa correta relação com nosso Criador, é como um cônjuge ignorando os votos sagrados que fez no casamento. "Deus, você já não me satisfaz. Vou procurar alguém novo".

ANALISE A MENSAGEM (Qual é o significado dela?)

1. Descreva, em um parágrafo, os dias da juventude de Israel e a relação da nação com Deus (Jr 2).

2. Qual é a esperança de Israel para o futuro (Ez 16.59-63)?

Leia Apocalipse 17.7-11

Nessa passagem das Escrituras, há um tempo no passado e um tempo no futuro. Cinco nações haviam caído quando João estava escrevendo essa carta, uma existia nesse período e a outra ainda não existia. Vamos explorar o que João está tentando nos transmitir.

Quais cinco nações (reis) haviam caído antes do primeiro século e que estão relacionadas à Israel? Elas incluíam: Assíria, Egito, Babilônia, Império Medo e Grécia. Que nação governou durante o primeiro século? Roma. E que nação viria depois de Roma? Bem, em 70 d.C., os romanos destruíram Jerusalém e o templo, e os judeus se espalharam entre as nações. Então, no começo do século XX Deus começou a reunir Seu povo ao redor do mundo, trouxe-os de volta para casa e, em 1948, transformou-os mais uma vez em uma nação.

Aquela sétima nação mencionada por João ainda não existia e não pôde existir até depois de 1948, com o renascimento de Israel. Lembre-se de que, quando a Bíblia fala das nações, refere-se às nações em relação a Israel. Acreditamos que a sétima nação será um Império Romano (Europa) aprimorado, do qual virá o oitavo governante, o Anticristo.

Leia Apocalipse 17.12-18

Quando será que o Anticristo e esses dez reis ou governantes guerrearão contra o Cordeiro? Esse evento ocorrerá no final da tribulação. Como sabemos disso? Porque se for para o Cordeiro estar envolvido, terá que ser quando Ele voltar à Terra para criar Seu reino. É nesse momento em que Ele é chamado de "Rei dos reis e Senhor dos senhores" (Ap 19.16). E quando o Cordeiro terá esse título atribuído a Ele? Teremos que esperar dois capítulos para isso!

COMPARE ESSE CAPÍTULO COM O RESTANTE DAS ESCRITURAS
(Ela é apoiada por outras passagens em Apocalipse, nos outros livros de João, no Antigo/Novo Testamento?)

1. João foi levado em Espírito para um deserto (Ap 17.3). Quem mais teve uma experiência "em Espírito"?

    a. Ezequiel 37.1

    b. Mateus 22.43

    c. Lucas 2.27

    d. Atos 19.21

    e. Romanos 8.9

2. Quem mais tinha sete cabeças?

   a. Apocalipse 12.3

   b. Apocalipse 13.1

3. Quem mais tinha dez chifres?

   a. Daniel 7.7, 20,24

   b. Apocalipse 12.3

   c. Apocalipse 13.1

4. Quais são as várias atividades do Cordeiro em Apocalipse?

   a. Apocalipse 6.1

   b. Apocalipse 7.17

   c. Apocalipse 8.1

d. Apocalipse 14.1

e. Apocalipse 17.14

EXECUTE (E daí? Como isso afeta minha vida?)

Princípio: Uma relação pessoal com Cristo é a única coisa que vai mantê-lo longe dos julgamentos de Deus.

Duas importantes condições dos últimos dias são o engano e a ilusão. A primeira condição é um resultado do Anticristo e a segunda é um trabalho de Deus. Durante a tribulação, essas duas condições serão universais. Mas, ainda hoje vemos tanto o engano quanto à ilusão correndo desenfreadas e substituindo o senso comum.

1. Verifique sua própria visão de mundo – como você vê e interpreta os eventos da sua vida e do seu país à luz das Escrituras?

2. Como você descreveria as visões de mundo de sua família e de seus amigos?

3. Como você avaliaria a pregação e os ensinos da igreja que você frequenta?

    a. Ela é centrada na Bíblia? Como você pode ter certeza?

b. O pastor alguma vez prega sobre profecias?

c. Qual é a compreensão do seu pastor sobre o futuro propósito de Deus e o plano para Israel?

d. Qual é a posição da sua igreja sobre o arrebatamento?

e. Será que seu pastor ensina incorretamente que Deus nada mais tem a ver com Israel e que a igreja é a Israel do Novo Testamento? Se sim, como você contestaria esse argumento?

f. Qual é a opinião do seu pastor sobre o retorno do Senhor?

g. O seu pastor acredita em um futuro e um reinado literal de mil anos de Cristo de Jerusalém?

4. Como é para um cristão comprometer suas posições sobre o que a Bíblia diz ser pecado em favor da tolerância ou de uma abordagem mais "amorosa"?

As mãos da meretriz estarão cobertas com o sangue dos santos da tribulação. Talvez você se pergunte: "Como a sociedade pode se deteriorar ao ponto de as pessoas serem mortas por crenças tiradas da Bíblia?". Costumávamos nos perguntar a mesma coisa. Mas tudo o que você precisa fazer é olhar ao redor e ver as mudanças que ocorreram no mundo nas últimas décadas. E se isso pode acontecer em um país com princípios judaico-cristãos, pode acontecer em qualquer lugar, e rapidamente.

A sociedade "woke" está tomando conta da cultura. Eles exigem não apenas tolerância, mas aceitação e celebração de cada nova ideia e aberração que se possa pensar. Se alguém se posiciona contra uma crença claramente antibíblica, ele é imediatamente "cancelado" pela sociedade e enfrenta problemas que acabam repercutindo no emprego, na sociedade e, possivelmente, até mesmo nos tribunais.

Certamente, parece que nossa sociedade continua se afastando dos padrões bíblicos. Acreditamos que grande parte da responsabilidade por essa secularização da sociedade começa em casa. Assim como os israelitas de antigamente falharam em passar sua fé para seus filhos, o mesmo acontece com muitos dos pais de hoje em dia que falham em sua responsabilidade de criar a próxima geração sob o temor e na admoestação de Deus. O que levou o antigo Israel a ser disciplinado por Deus tantas vezes ao longo dos séculos? O seu desejo em ser como todas as outras nações. Isso é exatamente o que vemos na igreja atualmente. Em mais um exemplo daquelas pessoas que não conhecem a história e estão condenados a repeti-la, vemos o mundo entrando em um período semelhante ao dos juízes.

> Serviu o povo ao Senhor todos os dias de Josué e todos os dias dos anciãos que ainda sobreviveram por muito tempo depois de Josué e que viram todas as grandes obras feitas pelo Senhor a Israel. Faleceu Josué, filho de Num, servo do Senhor, com a idade de cento e dez anos; sepultaram-no no limite da sua herança, em Timnate-Heres, na região montanhosa de Efraim, ao norte do Monte Gaás. Foi também congregada a seus pais toda aquela geração; e outra geração após eles se levantou, que não conhecia o Senhor, nem tampouco as obras que fizera a Israel (Jz 2:7-10).

A MORTE DA POLÍTICA E DA RIQUEZA

APOCALIPSE 18

Caiu Babilônia... outra vez!
Você pode estar se perguntando: "Se a Babilônia caiu no capítulo 17, por que ela está caindo de novo? Ela é tão desajeitada assim?". Boa pergunta. Lembre-se: Babilônia se refere à uma cidade e a um sistema. A repetição da palavra "cidade" nos dois capítulos nos diz que há uma Babilônia física. Todavia aprendemos também que, no capítulo 17, a Babilônia é um símbolo do sistema religioso daqueles dias, enquanto no capítulo 18 a Babilônia representa o sistema comercial e político mundial.

Leia Apocalipse 18.1-24

CAPTURE O CENÁRIO (O que eu vejo?)

1. O que este capítulo lhe diz sobre a Babilônia como uma grande cidade (Ap 18.2,10, 16-17, 19, 21)?

2. Do que se gloriava a cidade (18.7)?

3. Como essa glorificação se compara à da Babilônia literal (Is 47.7)?

4. Por que Deus está trazendo tal julgamento sobre essa cidade (Ap 18.24)?

ANALISE A MENSAGEM (Qual é o significado dela?)

Leia Apocalipse 18.1-3

Quando esse capítulo começa, João ouve duas vozes. A primeira vem de um anjo (18.1-3) e a segunda vem de uma voz do céu (18.4-10). O anjo diz que a Babilônia caiu. Essa não é a primeira vez que essa mensagem é proclamada. Deus prometeu a queda da Babilônia original muitos anos antes desse evento. O profeta Jeremias previu o seguinte sobre a Babilônia literal:

> Repentinamente, caiu Babilônia e ficou arruinada;
> lamentai por ela,
> tomai bálsamo para a sua ferida;
> porventura, sarará.
> Castigarei a Bel na Babilônia
> e farei que lance de sua boca o que havia tragado,
> e nunca mais concorrerão a ele as nações;
> também o muro de Babilônia caiu (Jr 51.8,44).

A riqueza estivera fluindo dessa cidade rica, alimentando a ganância do mundo. Comerciantes estavam se tornando ricos e a vida era boa – isto é, até a ira de Deus ser derramada sobre o pecado da humanidade.

A segunda voz chama os santos da tribulação.

Leia Apocalipse 18.4-6

Você notou a diferença entre aqueles que foram libertos de seus pecados e aqueles que continuam a seguir o mal? Deus se lembra dos pecados daqueles que vivem em pecado. Mas Deus não se lembra dos daqueles que confiaram Nele e confessaram seus pecados, assim como Ele mesmo disse por meio do profeta Isaías: "Eu, eu mesmo, sou o que apago as tuas transgressões por amor de Mim e dos teus pecados não me lembro" (Is 43.25).

Leia Apocalipse 18.7

A atitude desta cidade é como a do rei Nabucodonosor na Babilônia. Ele ficou louco por sete anos antes de reconhecer que estava subordinado ao Deus do céu (Dn 4.28-34). E esta foi a atitude da Babilônia literal, de acordo com o profeta Isaías:

> E disseste: "Eu serei senhora para sempre!".
> Até agora não tomaste a sério estas coisas,
> nem te lembraste do seu fim.
> Ouve isto, pois, tu que és dada a prazeres,
> que habitas segura,
> que dizes contigo mesma: "Eu só, e além de mim não há outra; não ficarei viúva,
> nem conhecerei a perda de filhos" (Is 47.7-8).

O orgulho na cidade é extremo, entretanto Deus tem a última palavra. Não acabou bem para essa cidade e aqueles que lucraram com ela. Normalmente, quando ocorre a tragédia, atinge aqueles que não podem se dar ao luxo de escapar dela. Mas desta vez, o julgamento de Deus afetará os ricos e os pobres igualmente – tanto os que estão em altas posições quanto os que estão em posições subalternas.

Leia Apocalipse 18.9-19

A queda da Babilônia afetará reis, comerciantes e marinheiros. A riqueza que eles ganham com essa cidade lhes dará liberdade para viverem como quiserem. Mas tudo isso acabará rapidamente. Todos os que tiveram uma participação nela ficarão arrasados com sua morte. Na linha do tempo da eternidade, o prazer do pecado durará pouco tempo. O tempo em que as pessoas terão de pagar o preço está chegando. Tudo virá abaixo em cerca de uma hora.

Não demora muito para que as coisas materiais desapareçam. Quando Deus age, Ele muitas vezes faz isso rapidamente. Ele pode dar avisos por anos, e até mesmo por séculos. Muitas pessoas vão pensar que, só porque não houve julgamento até agora, nenhum virá. Isso será uma percepção e uma decisão fatais.

Quando Deus julgar essa cidade, será irreversível. Não haverá nenhuma chance de se arrepender ou de dizer: "Sinto muito". Não haverá negociação. As pessoas tiveram sua chance, e a chance terá sido perdida. É por isso que Paulo escreveu: "Eu te ouvi no tempo da oportunidade e te socorri no dia da salvação; Eis, agora, o tempo sobremodo oportuno, eis, agora, o dia da salvação" (2 Co 6.2).

Leia Apocalipse 18.21-24

Além da enorme perda financeira, outra grande perda serão os prazeres da vida em si. Nos versículos 21-23, a frase "nunca jamais" fala da perda de vidas. Ela não está dizendo que as pessoas fizeram as malas e deixaram a cidade. Elas foram dizimadas juntamente com a cidade. Isso inclui músicos, artesãos e moedores de grãos. Não resta ninguém para acender uma lâmpada ou para se unir em casamento. Os sons, que uma vez preencheram o lugar, agora estão em silêncio. A devastação é tudo o que resta.

COMPARE ESSE CAPÍTULO COM O RESTANTE DAS ESCRITURAS
(Ela é apoiada por outras passagens em Apocalipse, nos outros livros de João, no Antigo/Novo Testamento?)

1. Você já leu, no profeta Jeremias, que a Babilônia desse tempo havia caído. Agora compare o evento histórico da Babilônia em Isaías 21.9 com Apocalipse 18.2.

2. Compare Jeremias 51.6-10 com Apocalipse 18.4-5.

3. Compare a atitude dessa grande cidade conforme descrito em Apocalipse 18.7 com a atitude descrita em Daniel 4.28-30.

4. Compare Apocalipse 18.16 com Apocalipse 17.4.

5. Compare Apocalipse 18.11-17 com Ezequiel 27.22-36.

EXECUTE (E daí? Como isso afeta minha vida?)

Princípio: Nós ceifamos o que semeamos.

O princípio de ceifar o que semeamos corre solto por todo o livro de Apocalipse. O apóstolo Paulo abordou tanto a qualidade quanto a quantidade desse equilíbrio quando ele escreveu: "Não vos enganeis: de Deus não se zomba; pois aquilo que o homem semear, isso também ceifará. Porque o que semeia para a sua própria carne da carne colherá corrupção; mas o que semeia para o Espírito do Espírito colherá vida eterna. E não nos cansemos de fazer o bem, porque a seu tempo ceifaremos, se não desfalecermos" (Gl 6.7-9). Na mesma linha, ele escreveu para a igreja de Corinto: "E isto afirmo: aquele que semeia pouco, pouco também ceifará; e o que semeia com fartura com abundância também ceifará" (2 Co 9.6).

Essa grande cidade semeou generosamente para a carne. Ela ceifou a recompensa justa por suas ações. É extremamente importante nos lembrarmos do princípio bíblico de que ceifamos o que semeamos enquanto determinamos nossas prioridades e alianças e agimos de acordo com elas.

1. Qual a qualidade e a quantidade que você tem semeado em sua leitura pessoal da Bíblia e em seu tempo de oração?

2. Qual a qualidade e a quantidade que você tem semeado em seus relacionamentos com...

   a. os outros em sua família?

b. os outros em seu ambiente de trabalho?

c. os incrédulos?

3. Qual a qualidade e a quantidade do ministério que você tem feito em sua igreja ou fora dela?

4. Qual a qualidade e a quantidade de seus bens ou finanças que você tem compartilhado com pessoas ou ministérios que estão alcançando aqueles que você não pode alcançar?

5. Qual a qualidade e a quantidade de tempo que você está usando em relação à sua caminhada com o Senhor?

O REI RETORNA PARA SEU TRONO

APOCALIPSE 19

Passamos muito tempo na escuridão espiritual do livro de Apocalipse e agora é hora de ver a luz no fim do túnel. As Escrituras dizem que o diabo é o deus deste mundo atualmente (2 Co 4.4), mas o seu reinado está prestes a acabar. A boa notícia do retorno de Jesus para recuperar o paraíso perdido emerge nesse capítulo.

CAPTURE A CENA (O que eu vejo?)

Há muitas visões diferentes a respeito da segunda vinda de Cristo. Para alguns cristãos, ela ocorrerá quando o Senhor começar um novo céu e uma nova Terra, e então nós seremos conduzidos para a eternidade. Outros acreditam que ela ocorrerá no final do mundo.

Antes de ler este capítulo, escreva em um parágrafo ou dois o que vem a sua mente quando você pensa sobre a segunda vinda de Cristo. Como você a descreveria? Mais tarde, no final do capítulo, você terá outra chance de escrever seus pensamentos caso sua opinião tenha mudado.

Para entendermos Apocalipse 19, devemos lê-lo fazendo uma relação com outras passagens que ensinam sobre o retorno de

Jesus à Terra. O próprio Jesus disse que os profetas do Antigo Testamento falavam Dele (Lc 24.44), então vamos começar lá.

Leia Zacarias 9.10-17

Quando Jesus voltar, não haverá alegria em Jerusalém. Na verdade, o luto será tão grande que poderá ser ouvido por toda a cidade. Ele irá afetar cada casa, cada clã, e cada tribo de Israel. Não será tanto um clamor público, mas, sim, uma percepção pessoal do que Israel fez a Jesus, o Messias.

Não haverá gritos de "Hosana nas alturas!". Em vez disso, as pessoas reconhecerão que depositaram as suas esperanças em um falso messias, o Anticristo. E agora que seu verdadeiro Messias está voltando, elas irão perceber que Ele é Aquele a quem negaram por séculos. Ele é Aquele a quem eles viraram as costas. Ele é Aquele a quem eles ensinaram seus filhos a rejeitar. Ele é Aquele a quem seus ancestrais penduraram na cruz. E agora Ele está voltando à Terra em toda Sua glória.

Leia Jeremias 31.31-34

O profeta Jeremias escreveu sobre o novo pacto que Deus prometeu ao povo Dele. Atualmente, o povo de Israel já retornou à sua Terra Prometida. No entanto, eles voltaram em incredulidade. Permanecem cegos para o fato de que seu Messias foi crucificado há dois mil anos. No entanto, quando Jesus retornar, os olhos deles serão abertos por um ato soberano de Deus. "E sobre a casa de Davi e sobre os habitantes de Jerusalém derramarei o espírito da graça e de súplicas" (Zc 12.10), para que os judeus reconheçam a sua recusa em reconhecer Jesus como Messias e para que se afastem de sua incredulidade.

Leia Ezequiel 11.19; 36.26-27

Ezequiel fala bastante sobre o tempo do retorno do Messias. Assim como Jeremias, ele escreveu sobre Deus restaurando os corações do povo e colocando um novo espírito dentro deles. Ele também escreveu sobre o tempo em que a glória do Senhor partiu do templo. Quando o rei Salomão terminou de orar, o fogo veio do céu e a glória do Senhor encheu o local (2 Cr 7.1-3). Mas quando Ezequiel veio, o pecado estava tão desenfreado, que a glória de Deus deixou o local (Ez 10.18-20). O profeta assistiu enquanto a glória de Deus deixava o templo, moveu-se sobre o Vale do Cedrom e subiu até o Monte das Oliveiras. Foi trágico, mas não foi o fim da história.

Leia Ezequiel 10.3-4, 18; 11.23; 43.1-5; 44.4

A glória de Deus voltará! O Senhor ainda não terminou o que tinha de fazer com Seu povo, Israel. A presença do Todo-Poderoso vai mais uma vez habitar a cidade sagrada! Essa promessa foi feita centenas de anos depois para um grupo de homens que estavam olhando para o céu. Jesus, após Sua morte e ressurreição, levou Seus discípulos para o Monte das Oliveiras. Ele os comissionou e depois subiu para o céu. Enquanto observavam a mancha ascendente ficando cada vez menor, dois homens apareceram vestidos de branco. Eles disseram: "Varões galileus, por que estais olhando para as alturas? Esse Jesus que dentre vós foi assunto ao céu virá do modo como O vistes subir" (At 1:11). Os anjos fizeram duas promessas aos discípulos: Jesus voltará, e quando Ele o fizer, será da mesma maneira. Em outras palavras, Ele voltará de forma física e visível.

Agora, vamos ligar os pontos. Quando Jesus veio pela primeira vez, o apóstolo João O chamou de "o Verbo", ao escrever: "E o Verbo se fez carne e habitou entre nós, cheio de graça e de verdade, e vimos a sua glória, glória como do unigênito do Pai" (Jo 1.14). João igualou a glória de Jesus à glória do Senhor. Na visão de Ezequiel, a glória se transportou do templo para o Monte das Oliveiras e, em seguida, voltou para o templo do Monte das Oliveiras. Do mesmo modo, após Sua ressurreição, Jesus partiu de Jerusalém e foi para o Monte das

Oliveiras. A partir daí, Ele subiu ao céu. E quando Ele retornar à Terra e à Jerusalém, onde Ele descerá? No Monte das Oliveiras.

Leia Zacarias 14.1-4

Quando o Messias voltar, Ele descerá sobre o Monte das Oliveiras. E quando Ele o fizer, Ele não terá, necessariamente, o comitê de boas-vindas mais agradável. Os exércitos das nações se alinharão contra Jerusalém. O que acontecerá com a cidade quando esses exércitos atacarem? Mais uma vez, recorremos a Zacarias.

Leia Zacarias 12.7-9

Jesus também falou deste tempo em Mateus 24.27-31. Ao longo dos séculos, o Senhor permitiu que nações específicas causassem grande sofrimento ao Seu povo porque Israel O havia rejeitado várias vezes. Onde estão as antigas potências mundiais como a Assíria, a Babilônia, a Pérsia (Irã), o Império Romano, os Turcos e a Alemanha hoje? A maioria desses poderes ou não existem mais ou são uma sombra do que já foram. Isso se encaixa no que Deus prometeu a Abraão. Ele abençoaria aqueles que abençoassem Israel e amaldiçoaria aqueles que amaldiçoassem Israel (Gn 12.3).

1. Que localização geográfica específica as seguintes passagens têm em comum?

    a. Ezequiel 11.23 –

    b. Atos 1.11 –

    c. Zacarias 14.1-4 –

2. Que evento espiritual específico as seguintes passagens têm em comum?

   a. Jeremias 31.31-34 –

   b. Ezequiel 36.26-27 –

   c. Ezequiel 11.19 –

3. Que evento específico é mencionado em ambas as passagens a seguir?

   a. Zacarias 9.10-14 –

   b. Mateus 24.27-31 –

Mais uma vez, esse não é o arrebatamento, o qual será quando o Senhor vier para Sua noiva. Essa é a segunda vinda, quando o Noivo retorna com Sua noiva. Quando Ele vier, Ele trará julgamento sobre aqueles que O rejeitaram e estabelecerá Seu reino na Terra.

Leia Apocalipse 19.1-10

Os primeiros cinco versos retomam o julgamento da meretriz iniciado em Apocalipse 17, a grande cidade que governa sobre os reis da Terra. A alegria no céu é uma resposta à destruição do sistema religioso mundial. Os dois sistemas mais opressivos e poderosos no mundo atualmente são a religião e os governos. Eles têm uma tendência a "escravizar" as multidões.

Pense nas religiões mundiais atuais que capturaram os corações e mentes de seus seguidores. Na Índia, as vacas são sagradas e têm o direito de engarrafar o trânsito. Você não pode mover uma vaca ou capturar uma e levá-la embora. Em países árabes ao redor do mundo, tudo é paralisado cinco vezes por dia para que uma oração seja feita. O judaísmo tem suas próprias regras e regulamentos que escravizam as pessoas como seguidores dedicados a provar sua própria justiça. Legalistas cristãos escravizam seus seguidores com todos os tipos de exigências que devem ser cumpridas. No futuro, haverá uma religião universal que exigirá obediência completa de seus seguidores, exigindo que eles adorem o Anticristo.

Quando o Rei justo voltar, Ele não trará com Ele a religião, mas a salvação baseada no amor verdadeiro e em Seu próprio sacrifício em nome daqueles que O recebem. Ele também está trazendo consigo Sua noiva, vestida lindamente nas amorosas obras sacrificiais dos santos. Louvores irão ecoar expressos em um quádruplo "aleluia" ou "hallelujah". A palavra hebraica *hallel* significa "louvor" e o *jah* é "Jeová". Esse louvor começará com uma grande multidão. Em seguida, os vinte e quatro anciãos e os quatro seres viventes tomarão parte no louvor. Em seguida, outra grande multidão participará. Será um coral incrível!

Leia Apocalipse 19.11-16

Aqui vemos o Jesus Guerreiro em toda Sua glória! Esse é o Leão de Judá que virá para derrotar os que ameaçam aqueles com quem Ele se comprometeu. Ele disse que cuidaria de Israel; e é exatamente isso que Ele voltará para fazer. O resultado será um banho de sangue.

Leia Apocalipse 19.17-21

De repente, estamos de volta ao final de Apocalipse 16. Os sapos-demônios ajuntaram os exércitos dos reis. Eles estão reunidos em Armagedom. E terão marchado para Jerusalém pensando que possuem uma vitória certa. No entanto, quando eles olharem para o céu, eles verão que tudo mudou de repente. As probabilidades que estavam a seu favor agora prometem uma derrota certa. Não importa o quão poderoso seja o seu exército, você nunca irá derrotar o Todo-Poderoso. Isso se aplica aos exércitos do mundo, ao Anticristo, ao falso profeta e também, como veremos no próximo capítulo, ao próprio Satanás.

ANALISE A MENSAGEM (Qual é o significado dela?)

1. Quando ocorrerá esse grande evento (Mt 24.29-30)?

2. Descreva o que Jesus fará com o Anticristo (o iníquo).

    a. 2 Tessalonicenses 2.8 –

    b. Apocalipse 19.20 –

3. Descreva o que Jesus fará com Satanás.

    a. Apocalipse 20.2 –

b. Apocalipse 20.10 –

4. Descreva o que Jesus fará com as nações que vieram atacar Jerusalém.

   a. Zacarias 12.2-3 –

   b. Zacarias 14.12-14 –

5. A razão física pela qual as nações se unirão para atacar Israel é porque elas querem destrui-lo. Mas qual é a razão espiritual subjacente para as nações se reunirem em Armagedom e marcharem até Jerusalém (Zc 2.8-9; 14.2)?

6. Descreva o que Jesus mandará Seus anjos fazerem no que diz respeito aos eleitos de Deus, que foram fiéis durante a tribulação (Mt 24.31).

7. O retorno de Jesus à Terra será um evento visível ou invisível (Ap 1.7)?

COMPARE ESSE CAPÍTULO COM O RESTANTE DAS ESCRITURAS
(Ela é apoiada por outras passagens em Apocalipse, nos outros livros de João, no Antigo/Novo Testamento?)

Será que nós, que compomos a igreja, realmente voltaremos com Cristo em Sua segunda vinda? Com certeza. Há dois grupos que voltarão com o Senhor.

1. Verifique as seguintes passagens das Escrituras e, de cada uma dela, escreva a frase que fala do retorno.

    a. Zacarias 14.5 –

    b. Mateus 25.31 –

    c. 1 Tessalonicenses 3.13 –

    d. Judas 14 –

2. Que eventos específicos ocorrerão quando Jesus retornar à Terra?

    a. Zacarias 14.4 –

b. Zacarias 14.9 –

c. Zacarias 14.10 –

d. Zacarias 14.16 –

e. Mateus 24.30 –

f. Mateus 24.31 –

g. Isaías 11.4 –

h. Zacarias 12.2-5 –

i. Amós 9.14-15 –

EXECUTE (E daí? Como isso afeta minha vida?)

1. Agora, tire um tempo para agradecer a Jesus por preparar um lugar para você, por aceitar você como Sua noiva e por fornecer-lhe a garantia de que você está protegido da ira vindoura. Agradeça ao Senhor em oração e, se você quiser, você pode escrever seus principais pensamentos aqui.

2. Se Apocalipse 19 assusta você, tire um tempo para orar e avaliar seu coração e sua relação com Jesus. Se você tem alguma dúvida sobre estar na Terra assistindo ao retorno de Cristo ou voltando com Ele, escreva para www.beholdisrael.org para resolver o assunto.

3. Liste as pessoas que você conhece que precisam ouvir sobre o retorno de Jesus para Sua noiva (o arrebatamento) e o retorno de Jesus para trazer julgamento aos habitantes da Terra. Então, ore por oportunidades para falar com eles.

O REI REINA DE JERUSALÉM

APOCALIPSE 20

Entramos agora em um tempo que foi celebrado e antecipado pelos profetas de muito tempo atrás. A geografia e a topografia de Jerusalém mudarão drasticamente (Zc 14.4-5, 10-11). A água fluirá de Jerusalém em direção ao oeste até o Mar Mediterrâneo. Ela também correrá para o leste através do Vale do Cedrom até o Mar Morto, que já não estará mais morto, mas cheio de vida. Pescadores pegarão peixes em suas redes (Ez 47.8-11). A atual paisagem infértil de Jerusalém até o Mar Morto verá brotar árvores frutíferas de todos os tipos, dando frutos todos os meses (Ez 47.12). O que estava morto estará vivo. E o que antes era uma área infértil e árida estará em pleno florescimento. Que tal isso como uma figura do que acontece quando a água da vida é derramada em nossas vidas?

Nesse momento, a riqueza das nações entrará em Jerusalém.

> As tuas portas estarão abertas de contínuo;
> nem de dia nem de noite se fecharão,
> para que te sejam trazidas riquezas das nações,
> e, conduzidos com elas, os seus reis (Is 60.11).

Para ajudar nessa viagem, haverá uma estrada do Egito à Assíria. Ambos os povos anteriormente pagãos e muçulmanos

– os egípcios e os assírios – reconhecerão o Senhor e O adorarão (Is 19.21-25). Animais vão se relacionar bem e as pessoas não terão mais medo de serem atacadas (Is 11.6-9). Enfermidades e doenças se tornarão coisas do passado. Embora as pessoas ainda morram durante o reinado de mil anos de Cristo, somos informados de que:

> Não haverá mais nela criança para viver poucos dias,
> nem velho que não cumpra os seus;
> porque morrer aos cem anos é morrer ainda jovem,
> e quem pecar só aos cem anos será amaldiçoado (Is 65.20).

É assim que a vida será durante o reinado milenar de Cristo! Isso é o que João vê em Apocalipse 20.

Leia Apocalipse 20.1-15

CAPTURE A CENA (O que eu vejo?)

1. Por quanto tempo Satanás ficará preso no abismo?

2. Por quanto tempo os santos da tribulação reinarão com Cristo?

3. Quantos anos se passarão antes que o resto dos mortos sejam ressuscitados?

4. Você acredita que os mil anos são literais ou figurados?

5. Se você os vê como figurados, o que, então, eles representam?

6. Qual é o destino final do diabo?

7. Sob qual embasamento as pessoas são julgadas no julgamento do Grande Trono Branco?

Leia Apocalipse 20.1-3

Sempre que um novo rei assume o reino, um de seus primeiros deveres é lidar com a antiga guarda. Quando Salomão estava se preparando para assumir o trono, seu pai, o Rei Davi, disse-lhe o que era necessário fazer para estabelecer seu trono (1Rs 2.1-9). Ele disse ao filho para se livrar da oposição. Isso é exatamente o que Deus faz nesse momento. A besta e o falso profeta são enviados para o lago de fogo, e Satanás é amarrado e encarcerado por mil anos.

Chega de engano. Chega de mentiras. A vida vai se parecer mais com a vida que os nossos primeiros pais experimentaram antes de cair em pecado. Veremos a criação, como Deus a fez antes que a humanidade colocasse seus dedos sujos e pegajosos em tudo.

Antes de passarmos para a parte de *análise* do nosso estudo, temos um grande problema com o qual devemos lidar. Nós já mencionamos que somos literalistas quando se trata da interpretação das Escrituras. No entanto, há um contingente grande e crescente no cristianismo que prefere alegorizar grande parte do que eles leem na Bíblia. Em nenhum outro lugar esse contraste é tão claramente visível quanto na questão do milênio.

Recentemente, eu, Rick, almocei com um bom amigo. Nós dois ensinamos na mesma universidade e ele, um pastor sênior recentemente aposentado de uma igreja local, havia acabado de receber uma oferta de emprego em tempo integral na escola. Enquanto compartilhávamos as novidades um do outro, ele perguntou o que eu estava fazendo. Compartilhei com ele os estudos bíblicos que Amir e eu estávamos criando. Eu conhecia a linha doutrinária da denominação dele e que ele provavelmente não tinha as mesmas ideias sobre os últimos dias que eu. Ainda assim, dei a ele os nossos quatro primeiros estudos. Quando viu o título "O Reino do Milênio", ele me disse que ele não era um milenista. Mas então, acrescentou com um sorriso: "No entanto, talvez eu possa ser persuadido de maneira diferente depois de ler este estudo bíblico".

Ele foi um dos amilenistas mais honestos com quem já falei. Tinha uma opinião, mas não era inflexível. Era o que lhe havia sido ensinado, mas ele não havia investido muito tempo para investigar a razão de defender aquela posição. Eu acredito que isso se aplique a muitos em todo o espectro do milênio, incluindo aqueles que são pré-milenistas. Eles possuem uma opinião qualquer apenas porque é isso que aprenderam com alguém ou na igreja. Então vamos compartilhar com você o porquê de estarmos convencidos de que a posição pré-milenista é a correta.

Há três posições principais em relação ao milênio.

PRÉ-MILÊNIO

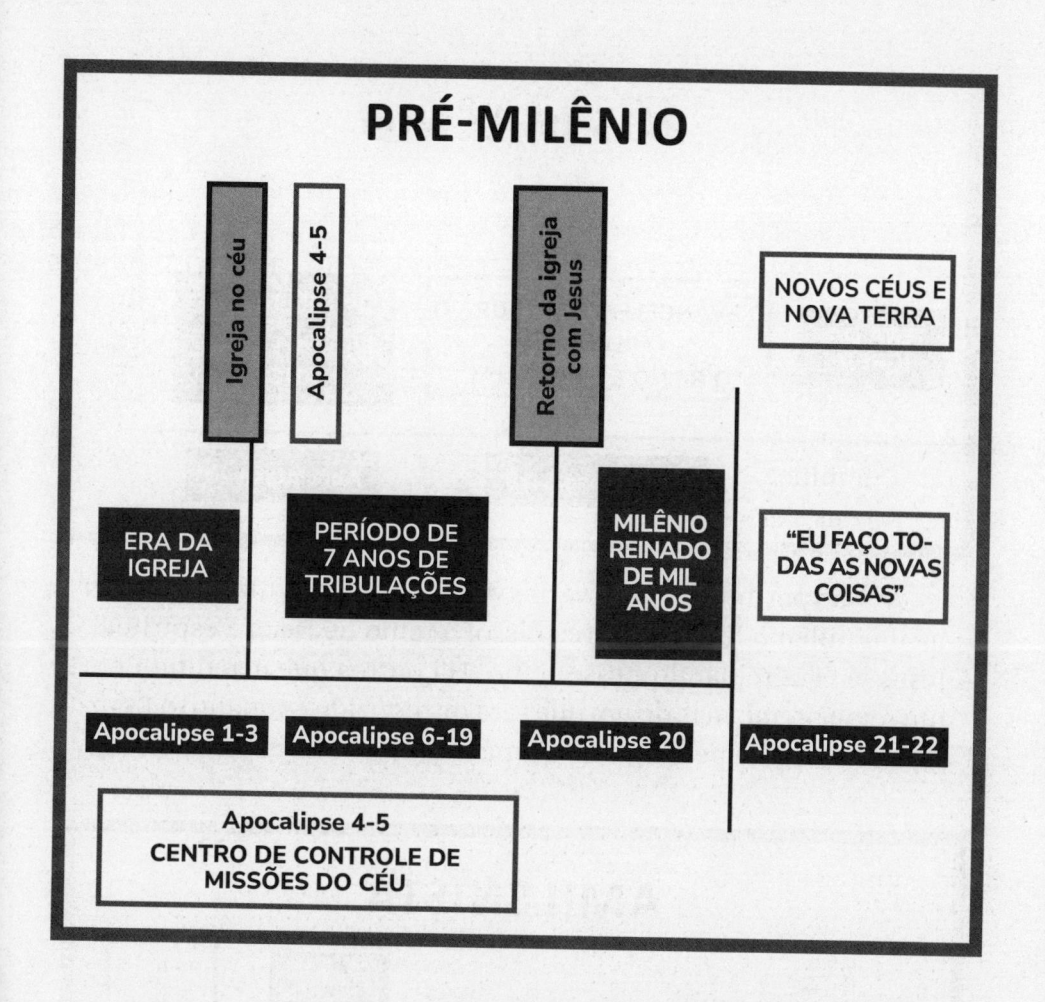

Igreja no céu	Apocalipse 4-5	Retorno da igreja com Jesus	NOVOS CÉUS E NOVA TERRA
ERA DA IGREJA	PERÍODO DE 7 ANOS DE TRIBULAÇÕES	MILÊNIO REINADO DE MIL ANOS	"EU FAÇO TODAS AS NOVAS COISAS"
Apocalipse 1-3	Apocalipse 6-19	Apocalipse 20	Apocalipse 21-22

Apocalipse 4-5
CENTRO DE CONTROLE DE MISSÕES DO CÉU

A visão pré-milenista acredita que Jesus voltará após o período da tribulação. Nesse momento, Ele reinará, fisicamente, de Jerusalém por mil anos. Ele é Aquele que irá inaugurar o reino na Terra. A igreja, que foi arrebatada por Ele há sete anos, voltará para reinar com Ele. Esse período também inclui o banquete ou a festa para a noiva (a igreja) e o Noivo (Jesus Cristo) (Ap 19.7-9).

PÓS-MILÊNIO

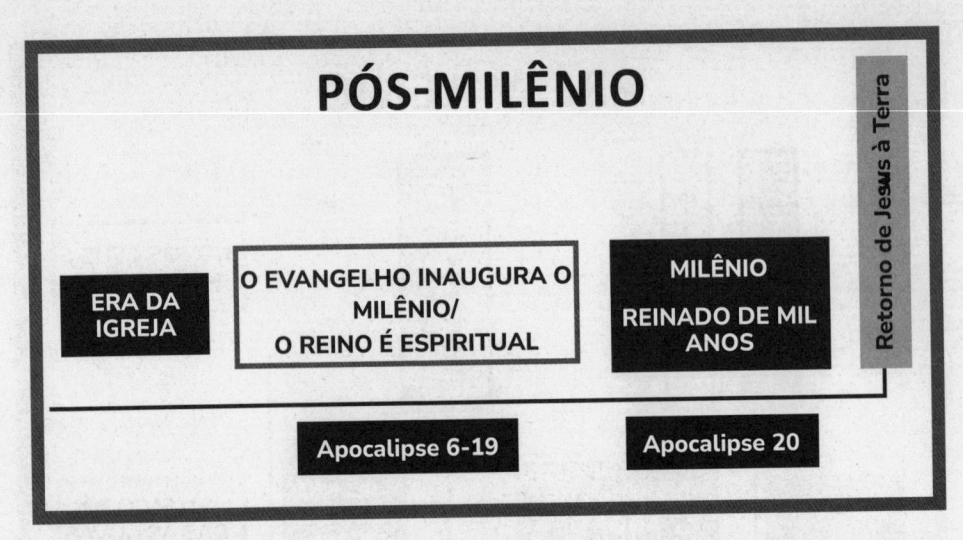

| ERA DA IGREJA | O EVANGELHO INAUGURA O MILÊNIO/ O REINO É ESPIRITUAL | MILÊNIO REINADO DE MIL ANOS | Retorno de Jesus à Terra |

Apocalipse 6-19 | Apocalipse 20

A visão pós-milênio tem várias variantes. Alguns dizem que não há um milênio literal. Em vez disso, o reino de Deus é espiritual. Jesus já está reinando nesse reino. Há outros que acreditam em um reino literal, mas dizem que será introduzido enquanto o Evangelho se espalha pelo mundo e uma era de ouro de justiça é criada.

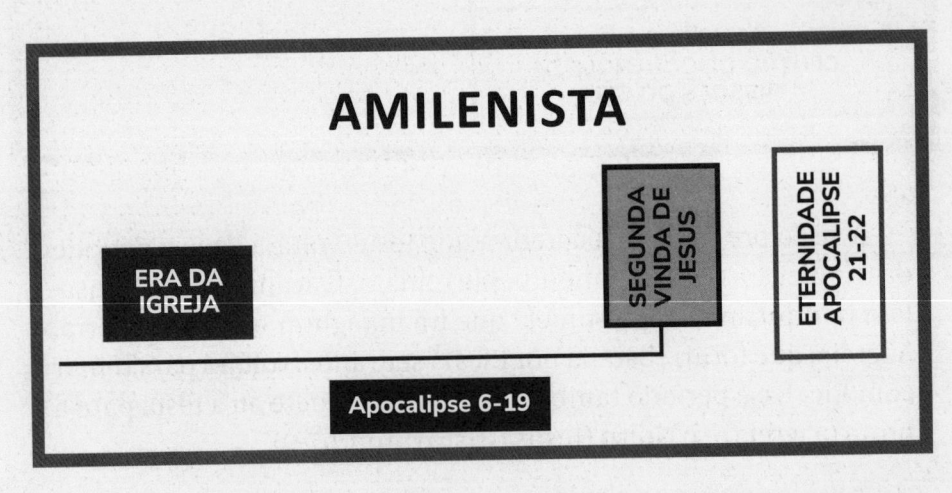

AMILENISTA

| ERA DA IGREJA | SEGUNDA VINDA DE JESUS | ETERNIDADE APOCALIPSE 21-22 |

Apocalipse 6-19

O amilenista (não acredita no milênio) acredita que Cristo voltará para a Terra, literalmente. Quando Ele o fizer, Ele imediatamente criará um novo céu e uma nova Terra, inaugurando assim a eternidade. Por enquanto, Cristo está reinando do céu e reina sobre os assuntos da Terra.

Há sete razões pelas quais acreditamos que o pré-milênio é a única posição biblicamente justificável. A primeira é a consistência. Se você adotar uma abordagem consistente e literal para a interpretação das Escrituras, o resultado será uma perspectiva a respeito de um milênio.

Em segundo lugar, é a igreja primitiva. Até o terceiro século, os pais da igreja enxergavam os últimos dias sob uma perspectiva milenar. Em seu livro intitulado *The End*, Mark Hitchcock escreveu:

> Após o terceiro século, com a ascensão da visão de Agostinho sobre um reino espiritual, o pré-milenismo começou a diminuir e o amilenismo prevaleceu. O pré-milenismo fez um retorno dramático no século XVII e realmente se estabeleceu em meados do século XIX. Atualmente, ele é uma maneira popular de entender os tempos finais. Os pré-milenistas modernos incluem: Donald Grey Barnhouse, Charles C. Ryrie, John Walvoord, J. Dwight Pentecostes, James Montgomery Boice, J. Vernon McGee, Hal Lindsey, Tim LaHaye, John MacArthur, Adrian Rogers, David Jeremiah, Thomas Ice, Chuck Smith, e Chuck Swindoll.[2]

Em terceiro lugar, é o motivo para a mudança do século III. Só depois que Orígenes, um teólogo daquela época, decidiu que uma abordagem alegórica para as Escrituras era preferível, é que ocorreu a mudança na forma de interpretação. Ele não foi o inventor da nova abordagem, mas foi quem a tornou popular. Orígenes estudou na Academia Platônica de Alexandria, que focava na filosofia e no misticismo. Isso o levou a se dedicar profundamente às Escrituras procurando por significados ocultos. O muito venerado, Agostinho, seguiu a abordagem alegórica de Orígenes e se baseou nela. Séculos depois, os pais da reforma mantiveram o método de interpretação

---

[2] Allen Barra, "The Sports Story That Changed America," *The New York Times*, October 17, 1999, https://www.nytimes.com/1999/10/17/weekinreview/the-sports-story-that-changed-america.html

agostiniana, porém apenas para passagens proféticas. Todas as outras partes das Escrituras foram interpretadas de forma literal.

Em quarto lugar, é a consistência. A única vez em que iremos alegorizar ou procurar por linguagens simbólicas é quando o contexto claramente o exigir. Compare como João usa a frase "mil anos", que aparece seis vezes em Apocalipse 20, e a forma como Pedro a utiliza em 2 Pedro 3.8 quando ele diz: "Para o Senhor, um dia é como mil anos, e mil anos, como um dia". Há aqueles que dirão que, porque Pedro usa a frase em um símile, então, o uso de João sobre o mesmo número também deve ser simbólico. No entanto, o contexto e o gênero das duas passagens são diferentes. A consistência não está em como *palavras* específicas devem ser interpretadas, mas em como *gêneros* específicos devem ser interpretados.

A ASCENSÃO DO MÉTODO ALEGÓRICO DE INTERPRETAÇÃO BÍBLICA

- ESCOLA DE ALEXANDRIA, EGITO
- ORÍGENES 185-254 D.C.
- AUGUSTINE 354-430 D.C.
- REFORMA 1517-1648 D.C.
- TEÓLOGOS ATUAIS (MAIORIA PÓS-REFORMA)

ALEGÓRICO VS. LITERAL

A **abordagem literal** da interpretação bíblica é a forma normal de se interpretar qualquer texto literário. Você aceita o que o texto afirma a menos que seja obviamente ilustração, parábola, símbolo ou gênero.

A **abordagem alegórica** sobre a interpretação bíblica procura por um significado "profundo, espiritual" no texto.

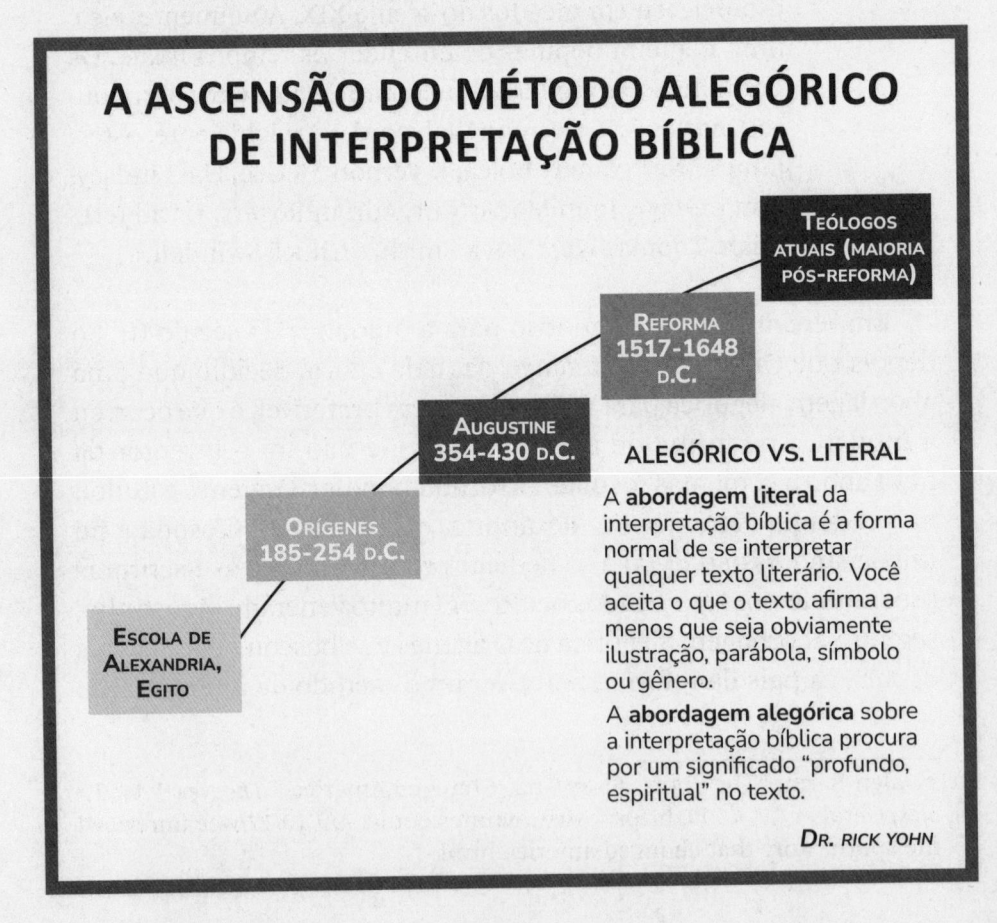

DR. RICK YOHN

Em quinto lugar, está a morte na eternidade. Se a segunda vinda de Cristo inaugura a eternidade, então a vida eterna não é a vida eterna. O Senhor, por meio de Isaías, promete: "Não haverá mais nela criança para viver poucos dias, nem velho que não cumpra os seus; porque morrer aos cem anos é morrer ainda jovem, e quem pecar só aos cem anos será amaldiçoado" (Is 65.20). Quem morrerá no reino eterno? E quem nascerá no reino eterno? E quem vai pecar no reino eterno? Ninguém, e é por isso que esse tem que ser um tempo diferente comparado aos "novos céus e uma nova Terra" que é introduzido três versículos anteriores na passagem de Isaías.

Em sexto lugar, está a falta de um princípio satisfatório ou de uma diretiva para interpretar as Escrituras alegoricamente. A abordagem literal diz que um texto bíblico deve ser interpretado de acordo com o significado simples transmitido por sua construção gramatical e seu contexto histórico. Entretanto, não há uma regra fixa quando se trata de qualquer abordagem alternativa. A interpretação é deixada para o indivíduo. Alguns até mesmo se mantém firmemente adeptos a uma abordagem literal ao longo das Escrituras até que cheguem à profecia bíblica. Então, de repente, eles se esquecem de todas as suas convicções e começam a procurar pelo significado mais profundo por trás das palavras.

A razão final para defender uma visão pré-milenista é que toda profecia tem sido cumprida, literalmente. Um exemplo são as previsões messiânicas. Jesus nasceu em Belém (Mq 5.2). Jesus ministrou exatamente onde Isaías disse que o Messias ministraria (Is 9.1-2). Não há necessidade de distorcer profecias ou enfiá-las à força nos eventos da vida de Jesus a fim de fazerem sentido. As profecias foram feitas: e Ele as cumpriu, literalmente.

Quando o arrebatamento acontecer, a igreja encontrará Jesus nas nuvens. A tribulação de sete anos se seguirá, durante a qual Deus disciplinará Israel e derramará Sua ira sobre o mundo incrédulo. No final desse período de ira, Jesus voltará à Terra com a igreja. Ele se estabelecerá no Monte das Oliveiras e, em seguida, lançará Satanás no abismo por mil anos. Durante esse tempo, Jesus reinará fisicamente sobre a Terra de Seu trono em Jerusalém.

Depois dos mil anos, Satanás será libertado. Isso levará a um confronto final e resultará no diabo sendo lançado novamente no lago de fogo. O julgamento do Grande Trono Branco ocorrerá e será seguido pela criação do novo céu e da nova Terra. Essa é a linha do tempo que obtemos quando seguimos uma interpretação literal das Escrituras.

ANALISE A MENSAGEM (Qual é o significado dela?)

Nós acabamos de lhe dar uma visão geral dos últimos dias até a nova criação. No entanto, ainda não chegamos lá em nosso texto em Apocalipse. Então vamos voltar um pouco e analisar o capítulo 20.

1. O que os mil anos significam?

2. De quem são as "almas dos decapitados" (v. 4)?

3. Descreva a ordem da primeira ressurreição da maneira que você entende (1Co 15.20-28).

4. Qual é a cidade que Deus ama (Ap 20.9)?

5. Qual é a base do julgamento de Deus no Grande Trono Branco?

6. Descreva, da melhor forma, o significado de Inferno (Hades).

Você percebe que aqueles que experimentarem o reinado milenar de Cristo não serão incomodados por Satanás? O Senhor removerá Seu inimigo por quase toda a duração de Seu reinado. Animais serão domesticados. As guerras cessarão. A longevidade terá melhorado dramaticamente para os que estiverem em seus corpos físicos mortais. E o enganador das nações será tornado impotente por um bom tempo.

No entanto, para aqueles que ainda estão em corpos mortais, a velha natureza continuará a existir e, à medida que passarem as gerações, a natureza perversa da humanidade se sentirá cada vez mais confinada e encurralada, querendo explodir em ação. Mas o medo da retaliação do Senhor manterá a velha natureza contida. Todavia, no final do reinado de Cristo na Terra, Satanás será mais uma vez libertado e vai apelar para a velha natureza da humanidade mortal.

COMPARE ESSE CAPÍTULO COM O RESTANTE DAS ESCRITURAS
(Ela é apoiada por outras passagens em Apocalipse, nos outros livros de João, no Antigo/Novo Testamento?)

1. Haverá três ocasiões em que indivíduos serão jogados no lago de fogo.

    a. Quem serão os primeiros ocupantes (19.20)?

b. Quem será o próximo ocupante (20.10)?

c. Quem serão os ocupantes depois disso (20.14-15)?

2. O que sai do abismo em Apocalipse 9.1-3?

3. O que entra no abismo em Apocalipse 20.1-3?

4. O que as seguintes passagens nos dizem sobre o Livro da Vida?

   a. Filipenses 4.3 –

   b. Apocalipse 3.5 –

   c. Apocalipse 13.8 –

   d. Apocalipse 17.8 –

   e. Apocalipse 20.12 –

f. Apocalipse 20.15 –

5. Em Lucas 16.19-31, Jesus conta uma parábola sobre um homem rico e Lázaro. Ambos morrem, e o homem rico acaba no Inferno (Hades).

   a. Descreva como é o Inferno.

   b. Há consciência no Inferno? Explique.

   c. Quando o homem rico pede a Abraão para ajudar seus cinco irmãos a fim de evitarem o Inferno, o que Abraão diz ao homem?

6. Os incrédulos que morrem hoje acabam no Inferno (Hades), mas esse não é o seu destino final. O Inferno reivindica a alma enquanto a morte reivindica o corpo. O seu último dia de julgamento será o julgamento do Grande Trono Branco. Então, quando "a Morte e o Inferno" entregarem os mortos presentes neles, aparecerão diante de Deus para o julgamento final e eterno (Ap 20.13). Quem você conhece que está indo para o Inferno e depois para o lago de fogo? Tire agora um tempo para orar por essa pessoa e peça ao Senhor para conseguir uma oportunidade para compartilhar Cristo com esse indivíduo.

Leia Apocalipse 20.7-10

A Batalha de Gogue e Magogue ocorrerá no início da tribulação. A Batalha do Armagedom ocorrerá no final dela. E a batalha em Apocalipse 20.7-10 acontecerá no final do milênio. Pode ser confuso se deparar com a frase "Gogue e Magogue" novamente. Essa é a Batalha de Gogue e Magogue mencionada em Ezequiel 38-39? Não é, e aqui está a razão.

Primeiro, a batalha que Ezequiel menciona ocorrerá no início da tribulação, enquanto essa ocorrerá no final do milênio. Segundo, Deus trará Gogue e Magogue para Jerusalém na primeira batalha (Ez 38.16), mas aqui é Satanás quem trará as nações contra Jerusalém e o legítimo Rei (Ap 20.7-8). Terceiro, em Ezequiel, Deus destruirá os exércitos com torrentes de chuva, grandes pedras de saraiva, fogo e enxofre (Ez 38.22). Nessa batalha final, não haverá luta. As nações cercarão Jerusalém e, de repente, o fogo descerá do céu e irá devorá-las (Ap 20.9).

EXECUTE (E daí? Como isso afeta minha vida?)

Princípio: O que importa é que seu nome está no Livro da Vida.

Como você pode ter certeza de que seu nome está no Livro da Vida? Se você convidou Jesus Cristo para sua vida como seu Salvador, então seu nome está lá.

Leia Apocalipse 20.11-15

1. Você consegue se lembrar de um momento em sua vida em que reconheceu que convidou Cristo para se tornar seu Salvador e Senhor?

2. O que você pretende fazer com seus familiares, amigos e vizinhos que não conhecem Cristo? Você sente a responsabilidade de orar por eles e de falar com eles sobre o Senhor?

3. Se não, por quê?

4. Se sim, de que maneira você pode fazer com que uma oportunidade surja para falar com eles?

NOVAS TODAS AS COISAS

APOCALIPSE 21.1-22.5

Todos nós gostamos do que é novo. Seja um carro, uma casa, ou um trabalho. Nós presumimos que, por ser novo, certamente deve ser melhor. Na maioria das vezes nossas expectativas do novo se cumprem. Todavia há aqueles momentos ocasionais em que acabamos ansiando pelo velho. Não é isso que vai acontecer em relação à Nova Jerusalém, ao novo céu e à nova Terra. A nossa imaginação é muito pequena para compreender as maravilhas do que Deus tem reservado para nós.

Leia Apocalipse 21.1-22.5

CAPTURE A CENA (O que eu vejo?)

A narrativa de João começa com "Vi novo céu e nova Terra" que é seguido por "Então, ouvi grande voz vinda do trono" (21.1-8). O anjo traz imagens após imagens diante dos olhos de João, e o apóstolo registra fielmente o que ocorre.

1. Quais são os benefícios da habitação de Deus com Seu povo (Ap 21.3-4)?

2. Como o Senhor descreve a Si mesmo nesse capítulo?

3. O que é a "segunda morte" (20.6; 21.8)?

4. Cite as várias pedras que compõem os fundamentos da Nova Jerusalém (Ap 21.19-20). Procure on-line três ou quatro para saber como elas se parecem.

5. Que nomes estão nos portões da cidade?

6. Que nomes estão nos fundamentos da cidade?

7. De que material são feitos os portões?

8. Qual é a fonte de luz dentro da cidade?

ANALISE A MENSAGEM (Qual é o significado dela?)

Agora que o tempo do julgamento final de Deus acabou, é hora de uma grande celebração. O que poderia ser uma razão melhor para comemorar do que receber o novo céu e a nova Terra? Imagine as coisas incríveis que João viu!

Primeiro, ele viu um novo céu e uma nova Terra. A palavra traduzida "novo" é o termo grego *kainos*. Significa algo que é "novo em espécie". O novo céu e a nova Terra não são apenas novos no tempo, mas eles também são muito diferentes dos céus e Terra que temos agora.

1. O que há de novo no novo céu e na nova Terra?

    a. Apocalipse 21.3 –

    b. Apocalipse 21.4 (cinco coisas) –

    c. Apocalipse 21.6 –

    d. Apocalipse 21.7 –

    e. Apocalipse 21.8, 27 –

    f. Apocalipse 21.22 –

g. Apocalipse 21.23-25; 22.5 –

h. Apocalipse 22.3 –

2. A ideia de um novo céu e de uma nova Terra foi revelada pela primeira vez por meio do profeta Isaías.

   a. Como Isaías descreve o novo céu e a nova Terra (Is 65.17)?

   b. O que Deus diz sobre a relação Dele com Jerusalém (Is 66.22-23)?

   c. O que o apóstolo Pedro nos diz sobre os novos céus e Terra (2Pe 3.13)?

3. Quem você acredita que está representado pelos doze portões? Por quê?

4. Quem você acredita estar representado pelos doze fundamentos? Por quê?

5. A Nova Jerusalém mede aproximadamente 2.220 quilômetros de largura por 2.220 quilômetros de comprimento e 2.220 quilômetros de altura. Como esse comprimento e largura se comparam ao Brasil? À Europa? À Israel de hoje?

6. Por que você acha que não haverá necessidade de um templo na Nova Jerusalém?

7. Compare Apocalipse 21.26 com Isaías 60.5 e Isaías 61.6.

Ao João ver o novo céu e a nova Terra, e ao testemunhar a descida da Nova Jerusalém, significa que era hora de o que era velho ir embora. Isso é o que o Senhor disse que faria: "Eis que faço novas todas as coisas" (Ap 21.5). O velho foi contaminado pelo pecado. Ele carregava em si a semelhança da queda da humanidade da graça. Paulo escreveu sobre esta Terra contaminada:

> Pois a criação está sujeita à vaidade, não voluntariamente, mas por causa daquele que a sujeitou, na esperança de que a própria criação será redimida do cativeiro da corrupção, para a liberdade da glória dos filhos de Deus. Porque sabemos que toda a criação, a um só tempo, geme e suporta angústias até agora. E não somente ela, mas também nós, que temos as primícias do Espírito, igualmente gememos em nosso íntimo, aguardando a adoção de filhos, a redenção do nosso corpo. Porque, na esperança, fomos salvos. Ora, esperança que se vê não é esperança; pois o que alguém vê, como o espera? (Rm 8.20-24).

A segunda visão a deslumbrar os olhos de João foi uma cidade – a Nova Jerusalém descendo, preparada como uma noiva lindamente vestida para seu marido. Como vocês, maridos, sentiram-se quando viram a sua futura esposa andando até o altar? Vocês estavam namorando há um tempo e, finalmente, o dia chegou. Os convidados estavam todos sentados em seus lugares. Você estava na frente da igreja com o pastor. A música começou e as madrinhas caminharam até a frente. Quando você viu a dama de honra, o seu coração começou a bater mais rapidamente. Em seguida, soou a marcha nupcial para a noiva para começar sua caminhada até o noivo. Os convidados se levantaram e se viraram para trás para terem o primeiro vislumbre dela. À medida que ela lentamente se aproximava, você foi surpreendido por sua beleza. Você nunca esteve mais preparado do que naquele momento para dizer as palavras: "Eu aceito".

A Nova Jerusalém não é uma noiva, mas descerá como uma – graciosa e linda! Ela será admirada por todos que assistiram a sua vinda. Há aqueles que acreditam que essa cidade também é uma noiva, alguns até a equipararam à igreja. Mas uma noiva é algo vivo, algo com personalidade. É por isso que vemos a igreja como a noiva de Cristo. John Walvoord explica assim:

> O problema mencionado no versículo 2 sobre como uma cidade também poderia ser uma noiva nos leva para essa descrição. Na verdade, a noiva de Cristo é composta por pessoas, aquelas que aceitaram Cristo no presente e que formam a igreja, o corpo de Cristo. Ao mostrar a João a Cidade Santa, há uma comparação com a noiva pelo fato da beleza da Cidade Santa ser semelhante à beleza da noiva. Obviamente, não o significado literal não pode ser que ela é uma cidade e ao mesmo tempo uma noiva. Logo, uma deve complementar a outra.[3]

---

[3] Mark Hitchcock, The End: *A Complete Overview of Bible Prophecy and the End of Days* (Carol Stream, IL: Tyndale, 2012).

A cidade estará deslumbrante em beleza e em tamanho. É uma coisa boa, o fato de que um anjo leva João para uma montanha alta. Caso contrário, ele mal seria capaz de ver uma fração dessa cidade incrível. Vamos dar uma olhada mais de perto.

Leia Apocalipse 21.9-27

Todos os olhos serão capazes de ver a Nova Jerusalém, porque ela vai brilhar com a glória de Deus. Imagine como a cidade será brilhante.

Os portões e as fundações são doze em número. Israel e a igreja são as duas testemunhas no mundo, apontando a humanidade para Deus. Mas o povo de Israel rejeitou seu Messias e o Senhor levantou a igreja – não para substituir Israel, mas para realizar a missão que Israel falhou em fazer. Contudo, Deus não havia terminado com Israel. Ele teve que fazer as pessoas passarem pela tribulação de modo que se voltassem para Ele em massa e reconhecessem Jesus como seu Messias. Agora elas fazem parte da Nova Jerusalém e são representadas pelos doze portões da cidade, enquanto a igreja também possui seu lugar.

Por muitos séculos, Israel foi uma nação distinta. Os outros povos do mundo tinham seus deuses e muitos templos, enquanto Israel servia a um Deus em um templo. Mas na Nova Jerusalém, Deus habitará entre Seu povo, Israel e a igreja. Não haverá mais necessidade de um templo.

Na Nova Jerusalém não haverá coisas que não são essenciais. Embora o sol e a lua sejam essenciais para nossa vida atual na Terra, não precisaremos deles no novo céu e na nova Terra. Eles serão substituídos pela glória incompreensível de Deus.

A glória e honra das nações serão trazidas para essa cidade. Isso nos diz que a eternidade não será apenas um longo culto de adoração em que vamos flutuar sobre as nuvens e dedilhar nossas harpas. Estaremos ativos no serviço e traremos nossas ofertas e adoração para a grande cidade – uma que não será difícil de encontrar, porque, como vimos algumas páginas atrás, é enorme!

Quem habitará a cidade e a nova criação? Todos cujo nome está escrito no Livro da Vida do Cordeiro. Isso inclui os cristãos da era da igreja, os santos do Antigo Testamento, os cristãos da tribulação, os judeus que receberam Cristo no fim da tribulação e os milenistas. Juntos, todos nós celebraremos a eternidade com Deus e O adoraremos a cada chance que tivermos.

Outra imagem que chamou a atenção de João foi "o rio da água da vida" (Ap 22.1). Esse rio fluirá do trono de Deus e do Cordeiro e passará pela grande rua da cidade. Isso nos lembra daquele primeiro lugar de comunhão com Deus, o Jardim do Éden. Lá, um rio fluía através do lugar, regando todas as plantas e mantendo o jardim exuberante. Era o paraíso. Mas em um ato de pecado, o paraíso foi perdido. Mas agora, na Nova Jerusalém, nós vemos o paraíso com seu belo rio trazendo vida.

Transpondo o rio está outro espetáculo que remete ao Jardim do Éden – a árvore da vida. Ela bebe do rio e todo mês novos frutos crescem nela. E suas folhas serão "para a cura dos povos" (v. 2). Talvez alguém pergunte por que as nações precisarão de cura. A palavra grega traduzida "cura" é *therapeion*, da qual deriva o termo *terapêutico*. Charles Ryrie observa:

> Uma vez que não há mais maldição (v. 3), o que significa curar os povos? A palavra "cura" também possui o significado de "cuidar". Dessa forma, a frase pode muito bem significar que as folhas da árvore realçam a qualidade de vida de uma forma positiva, não que elas curam doenças; pois não haverá doenças quando não houver mais maldição.[4]

---

4 Charles C. Ryrie, *Revelation* (Chicago, IL: Moody, 2018).

COMPARE ESSE CAPÍTULO COM O RESTANTE DAS ESCRITURAS
(Ela é apoiada por outras passagens em Apocalipse, nos outros livros de João, no Antigo/ Novo Testamento?)

1. Liste as diversas atividades que ocorrem em torno Daquele que está sentado no trono.

    a. Apocalipse 4.3-6 –

    b. Apocalipse 5.13 –

    c. Apocalipse 7.11 –

    d. Isaías 6.1-4 –

    e. Daniel 7.9-14 –

2. O que Apocalipse 21.4 e 1 Coríntios 15.50-56 dizem sobre a morte?

3. Apenas quatro vezes, uma voz procedeu do trono em Apocalipse. Quais foram as mensagens dessa voz?

   a. Apocalipse 16.17 –

   b. Apocalipse 19.5 –

   c. Apocalipse 21.5 (duas afirmações) –

4. O Senhor diz que Ele é "o Alfa e o Ômega" (Ap 21.6 – a primeiro e a última letra do alfabeto grego), identificando-Se com o Deus do Antigo Testamento. Que afirmações semelhantes aparecem no Antigo Testamento?

   a. Isaías 41.4 –

   b. Isaías 44.6 –

   c. Isaías 48.12 –

5. Compare Isaías 54.11-14 com Apocalipse 21.18-21.

EXECUTE (E daí? Como isso afeta minha vida?)

Princípio: Deus sempre fornece um novo começo para aqueles dispostos a se comprometer com Ele.

Esse capítulo tem sido sobre Deus fazer todas as coisas novas. Ele vai criar um novo céu e uma nova Terra, a Nova Jerusalém, bem como um novo nome e uma nova canção. Tudo será renovado.

1. À medida que você se aproxima do fim deste livro de estudos, que novas percepções você adquiriu ao longo do caminho que se destacaram mais para você?

2. Que novas atitudes você planeja desenvolver?

3. Agora que você já se familiarizou mais com o plano de Deus para o futuro, como você acha que esse novo conhecimento deveria influenciar a sua vida?

4. Quais são alguns dos pensamentos e lições de vida que você gostaria de compartilhar com seus amigos e que você aprendeu com este livro de estudos?

5. De que forma você gostaria de aprimorar mais seu relacionamento com o Senhor?

EIS QUE VENHO SEM DEMORA

APOCALIPSE 22.6-21

É difícil acreditar que estamos perto da conclusão desta incrível jornada. Mas não queremos chegar tão rápido ao fim. Este capítulo final é um belo testemunho da relação amorosa entre Jesus e Sua igreja. Ele anseia estar com Seu povo, e eles clamam por Seu retorno. Não deixe que estas últimas palavras passem por você sem que você sinta a emoção delas.

Leia Apocalipse 22.6-21

CAPTURE A CENA (O que eu vejo?)

1. Liste, pelo menos, cinco diferenças significativas entre a vida na Nova Jerusalém e a vida hoje.

2. Que erro o apóstolo João cometeu quando ouviu e viu, do anjo, sobre os eventos vindouros (v. 8-9)?

3. Compare a localização da árvore da vida no Jardim do Éden com a localização da árvore da Nova Jerusalém (Gn 2.9 com Ap 22.2).

4. Liste as cinco maneiras de como Jesus Se descreve nesse capítulo.

5. Escreva a advertência no final desse capítulo.

Um dos cursos que eu, Rick, ensino na Colorado Christian University é intitulado: "Como conseguimos a Bíblia inglesa". Nessa aula, uma pergunta que eu sempre faço aos alunos é: "Por que você acha que Deus escolheu homens, ao invés de anjos para compartilhar as Escrituras conosco?". São muitas as respostas que recebo. No entanto, a maioria dos alunos se perguntam se é porque nos relacionamos melhor com aqueles que são como nós, do que com anjos. E é verdade! Se um anjo aparecesse para nós, além de ficarmos assustados, provavelmente faríamos algo estúpido, assim como o fez o apóstolo João. Quando o anjo falou, ele estava maravilhado, o que o levou a fazer algo errado: ele se inclinou para adorar o anjo.

Mas o anjo entendeu que o apóstolo estava encantado pelo que ele havia testemunhado. Ao invés de condenar João, o anjo o corrigiu. Então, instruiu João para não selar as profecias que havia acabado de mostrar.

Curiosamente, quando um anjo falou com o profeta Daniel em uma situação semelhante, ele disse: "Tu, porém, Daniel, encerra as palavras e sela o livro, até ao tempo do fim; muitos o esquadrinharão, e o saber se multiplicará" (Dn 12.4). Por que Daniel recebeu instruções opostas em relação às que foram dadas a João? Para Daniel, o período, sobre o qual ele escreveu, ainda estava em um futuro distante. Mas para João "o tempo está próximo" (Ap 22.10). Três vezes nesse capítulo, Jesus diz: "Eis que venho sem demora". Para nós, o retorno de Jesus está mais próximo do que nunca. Você e eu, provavelmente, fazemos parte da última geração antes que o Senhor venha para Sua noiva.

ANALISE A MENSAGEM (Qual é o significado dela?)

1. Nos primeiros cinco versos de Apocalipse 22, João fala dos "servos" (v. 3). Quem são esses servos e que tipo de recompensa eles receberão?

2. Por que João foi repreendido pelo anjo (v. 9)?

3. Compare a repreensão do anjo à admoestação feita em Colossenses 2.18.

4. Como você acha que a promessa de uma recompensa (Ap 22.12) deve afetar nossas vidas hoje em dia?

5. O que Jesus quer dizer quando diz que Ele é "a Raiz e a Geração de Davi" (v. 16)?

6. Divida esse capítulo em suas partes lógicas e atribua um título a cada divisão.

Há três palavras-chave nesse capítulo. A primeira é "rapidamente" (v. 7, 12, 20). Traduzida da palavra grega *tachu*, ela é usada seis vezes em Apocalipse, três nesse último capítulo. Com o passar dos séculos, os cristãos estiveram à espera do retorno de Jesus. Mas dois mil anos se passaram e Ele ainda não voltou. Alguns cristãos mudaram sua teologia devido ao que percebem como um atraso. Eles começaram como milenistas e, com o passar do tempo, tornaram-se amilenistas. No entanto, aprendemos que o nosso tempo e o de Deus são muito diferentes. Deus nunca está com pressa, mas quando é hora de agir, Ele o faz rapidamente. Como Isaías escreveu:

> As primeiras coisas, desde a antiguidade,
> as anunciei; sim, pronunciou-as a Minha boca, e Eu as fiz ouvir; de repente agi, e elas se cumpriram (Is 48.3).

Nós vemos os sinais. Sabemos que o retorno de Cristo está mais próximo. Não importa se o mais próximo significa o nosso tipo de rapidez ou o tipo de Deus. Temos de cuidar das coisas de nosso Pai, prontos como se hoje fosse o dia.

A segunda palavra-chave é "galardão/recompensa" (v. 12). Quando Jesus vier, Ele vai trazer Sua recompensa com Ele. Que recompensa será essa? A igreja já recebeu suas recompensas no tribunal de Cristo (*bema*). Mas há muitos que creem, que não são da igreja, que serão recompensados por sua fidelidade ao Senhor:

> Eis que o Senhor fez ouvir
> até às extremidades da Terra estas palavras:
> Dizei à filha de Sião:
> "Eis que vem o teu Salvador;

> vem com Ele a Sua recompensa,
> e diante Dele, o Seu galardão" (Is 62.11).

A salvação é algo que não se ganha. A nossa salvação é pela graça, baseada na fé no que Jesus fez por nós (Ef 2.8-9). Uma recompensa, no entanto, é um pagamento por algo que foi merecido. A essa altura, todas as ressurreições já terão ocorrido, incluindo a dos santos do Antigo Testamento. Esses seguidores de Deus do período pré-igrejas serão recompensados por sua fidelidade a Deus. Pense em Noé, o único homem justo de seu tempo. Então houve Enoque, que caminhou com Deus. E quem pode se esquecer de Jó, um homem justo que se recusou a amaldiçoar a Deus em meio a dor e a perdas horríveis? Todos esses homens receberão recompensas por sua fidelidade ao Senhor.

A terceira palavra-chave é "bem-aventurado" (v. 7, 14). Essa é uma promessa para os fiéis de todas as idades. Ela nos leva de volta à promessa com a qual começamos nosso estudo: "Bem-aventurados aqueles que leem e aqueles que ouvem as palavras da profecia e guardam as coisas nela escritas, pois o tempo está próximo" (Ap 1.3).

A palavra "bem-aventurado" é encontrada doze vezes em Apocalipse e duas vezes nesse capítulo. Ela foca no senso de segurança e estabilidade emocional. Ela pode ser traduzida como "feliz", mas é muito mais que isso. À medida que você lê ao longo da Bíblia, você verá uma e outra vez que aqueles que seguem o Senhor e vivem pelas Escrituras são aqueles que têm paz em seus corações e têm a capacidade e desejo de abençoar os outros.

COMPARE ESSE CAPÍTULO COM O RESTANTE DAS ESCRITURAS
(Ela é apoiada por outras passagens em Apocalipse, nos outros livros de João, no Antigo/Novo Testamento?)

1. A expressão "água da vida" é encontrada em três passagens em Apocalipse (21.6; 22.1, 17). Como você descreveria a água da vida a partir dessas passagens?

2. Como Apocalipse 22.7 e 22.12 se complementam?

3. Três vezes, Jesus afirma que Ele está vindo sem demora. Quatro vezes há uma resposta de "Vem!" ou "venha". De acordo com os seguintes versículos, quem pede pela vinda de Jesus?

    a. Apocalipse 22.17 –

    b. Apocalipse 22.20 –

4. Compare Apocalipse 22.1-2 com Ezequiel 47.1-12 e João 7.37-41 com João 4.1-14. Usando essas passagens, liste as percepções específicas que você obtém sobre a água da vida.

5. Compare Apocalipse 22.17 com Apocalipse 19.7-9.

6. Compare Apocalipse 22.17 com 1 Coríntios 16.22 e Tito 2.13. Quais são as semelhanças e diferenças?

7. Que promessa Jesus faz aos cristãos na igreja de Filadélfia em relação à Nova Jerusalém (Ap 3.11-12)?

EXECUTE (E daí? Como isso afeta minha vida?)

Princípio: Nossa resposta à Palavra de Deus é mais importante do que nosso conhecimento da Palavra de Deus.

Agora, você chegou ao fim da revelação de Deus ao homem sobre os eventos futuros. Para algumas pessoas, apenas saber sobre o futuro é suficiente para satisfazer sua curiosidade. Mas a profecia não foi dada a nós apenas para satisfazer nossa curiosidade. Ela foi dada para causar uma mudança de vida. Você está pronto para uma mudança de vida produzida por Deus?

1. Como sua compreensão de Deus mudou como resultado do estudo de Apocalipse?

2. Quais são as três percepções mais importantes que você obteve com este estudo?

3. Este estudo lhe deu um maior conhecimento das Escrituras e mais coragem para compartilhar sua fé com os outros?

4. De que maneiras você acha que suas prioridades devem mudar com base no que você sabe agora sobre o futuro?

5. Liste alguns incrédulos que você conhece e que estão precisando da mensagem do Evangelho antes do retorno de Cristo.

6. Você está disposto a compartilhar com essas pessoas o que aprendeu ao longo deste estudo?

7. De que forma o conhecimento que você adquiriu com este estudo mudará a forma como você fala com Deus?

8. Você espera que os eventos de Apocalipse aconteçam literalmente ou de forma figurada? Que evidências você oferece para sua resposta?

9. Você recomendaria o livro *Revelando o Apocalipse* e o livro de estudos para outras pessoas? Por que ou por que não?

A sua jornada ao longo do livro de Apocalipse tem sido uma jornada e tanto. Agora, você sabe muito mais sobre o plano de Deus para o futuro do que muitas pessoas neste mundo. Elas vivem dia após dia sem pensar no que está por vir, mas agora você sabe o que evitar e o que fazer. Oramos para que o seu relacionamento com o Senhor e com a humanidade prosperem cada vez mais com base em sua reflexão sobre a última palavra de Deus para o homem. Nós o deixamos com a bênção que o Senhor disse a Moisés para dar a Arão e a seus filhos quando fossem abençoar os israelitas:

> O Senhor te abençoe e te guarde;
> o Senhor faça resplandecer o rosto sobre ti
> e tenha misericórdia de ti;
> o Senhor sobre ti levante o rosto
> e te dê a paz (Nm 6.24-26).

Compartilhando propósitos e conectando pessoas
Visite nosso site e fique por dentro dos nossos lançamentos:
www.gruponovoseculo.com.br

Ágape

- Editora Ágape
- @agape_editora
- @editoraagape
- editoraagape

gruponovoseculo.com.br

Edição: 1ª
Fonte: Arnhem